SHODENSHA
SHINSHO

昭和陸軍　七つの転換点

川田　稔

JN110572

祥伝社新書

はじめに

二〇二一年八月一五日は、太平洋戦争の終結から七六年目となります。太平洋戦争は、国内外に膨大な犠牲と破壊をもたらしました。日本人戦没者は約二三〇万人、アジア諸国の犠牲者は推計二〇〇〇万人前後とされています。

はたして、太平洋戦争はどのような経緯で始まり、どのように終結したのか――。これを考えることは、現在の日本がおかれている状況を理解するうえでも有効です。そこには、日本の宿命ともいうべき問題が隠れているからです。

太平洋戦争時、日本の政治・軍事を主導していたのは陸軍です。さらにいえば、陸軍は昭和戦前期、ことに一九三一年（昭和六年）九月一八日に勃発した満州事変以降の日本を主導しました。

この時期の重要な事件や出来事への陸軍の関与は、多くの研究によって、ある程度明らかにされています。しかし、それにかかわる陸軍の思想や戦略（軍事戦略・政治戦略・世界戦略）については、あまり知られていません。また、昭和戦前期における陸軍の政策・戦略の変遷、陸軍内部における戦略構想の対立についても同様です。

たとえば、政党政治は五・一五事件後に途絶えましたが、その主な要因は、首相を事実上決定していた元老西園寺公望《さいおんじきんもち》の側近に、陸軍の中堅幕僚が政党内閣を続けないよう圧力をかけたことにあります。彼らは、政党内閣が続けば同様の事件が起こると脅《おど》したのです。その背後には、それまでの政党政治とは異なる、彼ら独自の戦略構想がありました。

本書は、昭和戦前期の重要な事件や出来事を取り上げ、その背後にある陸軍の思想・戦略を検討することで、太平洋戦争に至る道筋を明らかにするものです。具体的には、戦前日本には七つの転換点があり、それを読み解いていきます。

これは、昭和史における陸軍の動向と歴史的役割について系統立て、全体として描き出す試みでもあります。また、陸軍の行動・政策を戦略レベルから分析することで、陸軍が関与した事件・出来事の相互のつながりや歴史的意味が浮かび上がってくると考えています。

筆者はこれまで、昭和陸軍についての著作をいくつか発表してきました。本書はそれらに比べて論点を絞り、より深いレベルから検討を加えています。したがって、過去の著書を読んでいただいた方々にも、興味をおもちいただけると思います。さらに、わかりやすい記述を心がけ、過去の著書で多用した引用は最小限に抑えています。

なぜ日本は戦争に突き進んだのか、それはどのように推移したのか。筆者が昭和陸軍の研究を始めてからの「問い」にせまるべく、まずは第一の転換点、柳条湖《りゅうじょうこ》事件からみていきましょう。

二〇二一年盛夏

川田《かわだ》 稔《みのる》

目次

編集協力
武内孝夫

本文デザイン
盛川和洋

DTP
キャップス

写真出所（数字はページ数、下記以外はpublic domain）
朝日新聞社：11、221
共同通信社：39、59、153、155
国立国会図書館：21、31中、37、41、45、51、65、143、165
永田家：17上
西日本新聞/共同通信イメージズ：183
Roger-Viollet/アフロ：121
ullstein bild/時事通信フォト：87
『石原莞爾の世界戦略構想』（川田稔著）：163

関東軍司令部前に集められた柳条湖事件の遺留品。中国軍の銃や制帽、満鉄の枕木《まくらぎ》などがみえる

第一章 柳条湖事件

——永田鉄山の戦略構想と一夕会

満州事変の始まり

一九三一年（昭和六年）九月一八日夜、中国東北地方（満州）の奉天《ほうてん》郊外の柳条湖付近で、日本の経営する南満州鉄道（満鉄）の線路が爆破される事件が起こりました。事件後、関東軍は中国側による犯行と発表し、翌日までに満鉄沿線の主要都市を占領します。関東軍とは南満州に駐留していた日本軍で、満鉄およびその沿線の守備を主な任務としていました。

関東軍は「日本人居留民の生命と財産を保護するための自衛権の発動である」と表明しましたが、実際は板垣征四郎《いたがきせいしろう》・石原莞爾《いしはらかんじ》ら関東軍参謀により計画・実行されたもの、つまり謀略です。これが世にいう「柳条湖事件」です。

この事件が満州事変の発端となり、そして満州事変が陸軍のみならず、日本の進路を方向づけることになっていくわけですが、注目すべきは事件当時の省部（陸軍省・参謀本部）の動きです。

事件を受けて、東京では陸軍省の永田鉄山《ながたてつざん》軍事課長・岡村寧次《おかむらやすじ》補任課長・参謀本部の渡久雄《わたりひさお》欧米課長・東条英機《とうじょうひでき》編制動員課長らが、「関東軍の活動を有利に展開させる」方向で動き始めたことが『岡村寧次日記』に記されています（「岡村寧次日記」船木繁『支那

派遣軍総司令官　岡村寧次大将』、原本は非公開）。彼らは、陸軍中央の中堅幕僚の非公然組織「一夕会《いっせきかい》」のメンバーでした。一夕会についてはのちほど述べますが、会員四〇人前後で、小畑敏四郎《おばたとしろう》・山下奉文《やましたともゆき》・鈴木貞一《すずきていいち》・武藤章《むとうあきら》・田中新一《たなかしんいち》など、のちに陸軍を動かす幕僚たちのほか、関東軍の板垣・石原も一夕会のメンバーでした。

若槻礼次郎《わかつきれいじろう》民政党内閣は事態不拡大の方針でしたが、それは政府だけでなく、南次郎《みなみじろう》陸相・金谷範三《かなやはんぞう》参謀総長ら陸軍首脳も同様です。そうしたなか、板垣・石原らは全満州の軍事占領を意図して謀略を起こしたのですが、そんな関東軍をバックアップしたのが、一夕会の幕僚グループだったのです。

板垣征四郎（1885〜1948年）

石原莞爾（1889〜1949年）

一般に満州事変は石原ら関東軍に陸軍中央や内閣が一方的に引きずられて拡大していったと思われがちですが、これは正確ではありません。実は、満州事変は、関東軍と陸軍中央の一夕会系幕僚の連携によって引き起こされたものです。もっといえば、満州で軍事行動を起こすことは、一夕会のかねてからの方針でした。その方針のもと、具体的に謀略を考えて実行に移したのが、関東軍の板垣・石原だったわけです。

では、柳条湖事件はどのように計画、実行されたのでしょうか。

一九二八年（昭和三年）一〇月に石原が、翌年五月に板垣が、満州に赴任していますが、板垣の着任直後から、二人は満蒙《まんもう》（南満州および東部内蒙古《うちもうこ》）の占領計画の立案を始めています。板垣は関東軍高級参謀、石原は作戦参謀。年齢も役職も板垣のほうが上ですが、実際に計画を立案したのは石原です。そして、世界恐慌の影響を受けて日本でも昭和恐慌が本格化する一九三一年（昭和六年）六月、彼らは奉天近郊での謀略から軍事行動を開始するとの計画を固め、九月二七〜二八日頃の決行を申し合わせます。

ところが九月一五日、外務省の満州出先機関から、関東軍が近く軍事行動を起こすようだ、との情報が東京に寄せられ、幣原喜重郎《しではらきじゅうろう》外相はすぐに南陸相に強く抗議するとともに情報の確認を求めました。これを受けて、南ら陸軍首脳部は関東軍の計画を中止させるため、参謀本部の建川美次《たてかわよしつぐ》作戦部長に渡満を命じます。

この動きを知った石原と板垣は急遽《きゅうきょ》、当初の予定を変更し、決行日時を一八日夜に繰り上げたわけです。

ただ、この謀略計画に参画していたのは、関東軍幕僚では板垣・石原のみで、そのほかは花谷《はなや》正《ただし》奉天特務機関補佐官・今田新太郎《いまだしんたろう》参謀本部付張学良《ちょうがくりょう》軍事顧問補佐官ら、ごく少数にとどまっていました。戦後、関東軍参謀だった片倉衷《かたくらただし》が満州事変についての証言をしていますが、片倉自身、当時は石原らの計画を知りませんでした。満州での謀略は、関東軍幕僚の片倉も知らなかった秘密計画だったわけです。

こうして始まった日中間の軍事衝突はこのあとも継続し、一年八カ月後の一九三三年(昭和八年)五月の塘沽《タンクー》停戦協定まで続くことになります。この一連の武力紛争が満州事変です。

一夕会とは

ここで、満州事変を主導した一夕会について述べておきましょう。

一夕会は一九二九年(昭和四年)に、永田鉄山・小畑敏四郎・岡村寧次らを中心に結成されましたが、満州事変以後の陸軍を実質的に動かしたのは彼ら一夕会メンバーであり、その理論的中心人物が永田鉄山でした。前述のように、満州事変は、関東軍作戦参謀の石原の計画によるものでしたが、事変全体の展開は、一夕会の計画によって遂行されており、そのプランニングの基本にあったのが永田の構想です。

永田は第一次世界大戦の前後に六年間ドイツとその周辺に駐在しており、大戦を現地で実見しています。これにより、次期世界大戦の勃発は不可避であり、日本も必ずや巻き込まれる、さらにそれはドイツから起こる可能性が高いと判断していました。

いっぽう日本政府は、国際連盟・ワシントン海軍軍縮条約・九カ国条約（後述）・不戦条約（パリ不戦条約）などの国際的な取り決めによって大戦は抑止できると考えていました。そのような見方に対して、永田は批判的であり、政界にも懐疑的な見方がありました。たとえば近衛文麿《このえふみまろ》は、国際連盟には否定的で、世界大戦の抑止というより、米英中心の国際秩序を維持するための機関にすぎないと考えていました。

これに対して永田は、国際連盟を全否定はしていません。国際連盟は国際社会に一つの規範を導入しようとした新しい試みと理解し、その点では評価していました。しかしながら、現状の国際連盟では次期大戦を抑止することはできず、したがって大戦は不可避であるとみていたわけです。

ちなみに当時、次期大戦は不可避であると考えていたのは永田だけではありません。イギリスの軍事研究家フラーやリデルハートなども次期大戦は避けられないと考えていました。ですから、永田の見方が特殊だったわけではありません。ここで重要なのは、永田は軍事研究家ではなく現役軍人であり、その考えが昭和陸軍を実際に動かしたことです（フラーやリデルハートは軍内部でも主流とはなりませんでした）。

永田は次期世界大戦について、次のように考えていました。

第一次世界大戦は、戦車や航空機など機械による戦争となった。したがって、次期大戦では機械化兵器の配備やその大量生産が必須となり、そのために国全体の工業生産力や技術力・労働力・資源などを総動員する国家総力戦となる。それに対処するには、国家総動員の準備・計画が必要である。また四年間程度の長期の国家総力戦に耐えうる、資源の自給自足が不可欠となる。だが、日本には資源が不足しており、それは近隣に求めざるをえない。その必要な資源は中国、なかでも満州、それに華北・華中を含めれば、ほぼ自給しうる。そしてすでに日本の勢力圏となっている満蒙をより確実に掌握す

永田鉄山（1884～1935年）

小畑敏四郎（1885～1947年）

ることは、中国の資源を確保する足がかりとなる。

こうした彼の考えに、一夕会メンバーの多くが共鳴していました。また永田は、国家総動員を実現するには国防を担う軍が積極的に政治に関与していく必要があると考え、これも一夕会に賛同されています。

このような永田の構想をもとに、一夕会の中核メンバーの間で、中国の資源を確保する橋頭堡《きょうとうほ》として、満蒙を領土化する満蒙領有論が共有されるようになります。関東軍の石原らも同様の考えでしたが、ただ石原は、将来的に日本とアメリカによる「世界最終戦争」が起きると考えていました。これは石原独自の見方ですが、満州事変時に永田と石原の基本的な考えに大きなズレはありません。

済南事件

中国の資源確保の方法として、もし日中関係が安定し何らかの提携・同盟関係にあれば、日本は中国から必要な資源の供給を受けることは不可能ではないはずです。しかし、永田ら一夕会の中核メンバーは、当時の中国・国民政府《こくみん》（南京《ナンキン》の蔣介石《しょうかいせき》政権）の「革命外交」と反日姿勢のもとでは事実上、むずかしいと判断していました。

そもそも中国の対日感情は、第一次世界大戦中に中国での日本の権益拡大を求めた、一九一五年（大正四年）の「二十一カ条の要求」以降、悪化します。しかし、その後、対日感情は政党内閣期の対中親善政策によって徐々に改善していました。

ところが、一九二八年（昭和三年）五月に済南《さいなん》事件が起こると、中国における対日感情は決定的に悪化しました。

その頃、中国統一をめざして北伐《ほくばつ》を進めていた国民政府軍は、山東《さんとう》地方にせまりました。これに対して当時の田中義一《たなかぎいち》政友会内閣は、日本人居留民保護のためとして派兵します（山東出兵）。この派兵は二回にわたっておこなわれましたが、二回目の際、山東地方の中心都市・済南で国民政府軍と日本軍との間で衝突が起こり、日本兵九人・在留邦人一二人が死亡。そのために日本軍は兵力を増強し、済南駐留の国民政府軍に総攻撃を加えました。この戦闘で日本軍の戦死は三六人、中国側は一般市民を含め約三六〇〇人が死亡したとされています。これが済南事件です。

この事件に対し、国民政府および同政府に対抗していた北京《ペキン》政府（張作霖《ちょうさくりん》政権）は、ともに日本の軍事干渉を強く非難。中国の一般世論も激高して、日貨排斥運動（日本商品のボイコット運動）が高まりました。

それまで一般レベルでの中国ナショナリズムは、一九二五年（大正一四年）に上海《シャンハイ》で起こった五・三〇事件（中国人デモ隊に租界《そかい》警察が発砲した事件）以降、中国に最大の植民地および勢力圏をもつイギリスに向けられていました。しかし、済南事件を契機に、その矛《ほこ》先《さき》は日本に向くこととなり、反日運動が激化していきます。

その意味で済南事件は日中関係にとって、きわめて重要な転機となったといえます。さらに、一九二八年（昭和三年）の張作霖爆殺事件（奉天軍閥を率いた張作霖が関東軍に暗殺された事件）で中国の対日感情はいっそう悪化しました。

こうしたことから、永田ら一夕会は、日中の提携・同盟は国民政府下において事実上不可能と判断、中国の資源を確保する足がかりとして考えたのが満蒙領有だったのです。その構想を実現するために関東軍を動かして満州事変を起こすいっぽう、一夕会は国内でも重要な動きをみせています。

一夕会の計画通りに

一夕会は国家総動員に向け、軍制改革をもくろみます。その柱は、人事の刷新でした。

柳条湖事件当時、陸軍は宇垣《うがき》派が主流派をなしており、南次郎陸相、金谷範三参謀総長をはじめとする陸軍首脳部の枢要ポストは、同派で占められていました。宇垣派とは一九二〇年代の政党政治期に長く陸軍大臣を務めた宇垣一成《かずしげ》を中心とするグループです。

一夕会がめざす人事の刷新とは事実上、一夕会が陸軍中央の人事を掌握し、陸軍を動かすことを意味していました。そのため、彼らは非宇垣派将官である林銑十郎《はやしせんじゅうろう》・真崎甚三郎《まさきじんざぶろう》・荒木貞夫《あらきさだお》らの擁立を考えます。

そのために、陸軍中央の実務ポストを掌握する工作に着手します。まず課長以下の実務ポストの人事を掌握する陸軍省補任課長に、一夕会員である岡村寧次を送り込みます。それにより、満州事変直前の一九三一年（昭和六年）八月には、多くの一夕会員が重要実務ポスト（各課の課長もしくは班長）につくようになりました。こうして、石原ら関東軍による満州の武力行使を陸軍中央でサポートする態勢は、すでにつくられていたわけです。

宇垣一成（1868〜1956年）

といっても、一夕会は陸軍省の非公然組織、いわば秘密グループですから、傍目《はため》にはわかりません。メンバーたちは定期的に会合をもっていましたが、それは表向き軍事理論や軍事技術の研究会といったかたちでカムフラージュしていたとみられます。

ちなみに一夕会のメンバーは全員、陸軍大学校（以下、陸大）を卒業しています。陸大には毎年、五〇〇人ほどいる陸軍士官学校卒業者から、部隊勤務をへた五〇人前後が選抜されて入学していました。一夕会のメンバーは、「恩賜《おんし》の軍刀」が授与される六人の優等卒業者が多いですが、鈴木《すずき》率道《よりみち》を除いて首席はいません。永田・石原が次席、小畑は六位です。

では、首席はどこにいたかというと宇垣派です。首席組はわざわざ反主流派の一夕会などに入らず、既存の出世コースを歩んだわけです。つまり、一夕会はエリートであるけれどもトップではない人たちによって構成されていたのです。主流派（宇垣派）と考えが違うから一夕会を結成したのか、主流派になれなかったから一夕会を結成したのか、そのあたりはわかりませんが、彼らがその後の陸軍をリードしていきました。

この一夕会のメンバーのなかで、特に満州事変の立役者として知られるのは石原莞爾です。わずか一万人の関東軍兵力で二十数万人を擁する張学良軍を駆逐したことは、作戦参謀としての卓越した手腕を示しています。張学良はまともに日本軍を相手にすると自軍がつぶされることを知っており、本気で戦っていないこともありますが、それを差し引いても、快挙とされました。

のち一九三二年（昭和七年）、石原は国際連盟総会の帝国代表随員としてスイス・ジュネーブに派遣されていますが、その途上、彼はポーランド・ドイツ・イギリスなどで軍関係者の歓待を受け、講演をおこなっています。石原はすぐれた軍略家として国際的に知られた存在だったのです。石原にとって、この時が生涯もっとも華やかな時代だったかもしれません。

もし石原がいなければ、満州事変は失敗していたかもしれません。しかし、石原のみの功績ではありません。なぜなら、満州事変には〝下書き〟があり、その下書きは永田鉄山の構想がベースになっているからです。つまり、満州事変は永田と石原という非凡な幕僚がいたからできたことなのです。

陸軍中央の思惑

話を柳条湖事件に戻します。事件の一報を受けた政府は、その対応に追われました。事件翌日の一九三一年（昭和六年）九月一九日午前、緊急閣議が開かれ、事態不拡大の方針が決定されます。若槻内閣は、国際的平和協調の方針を取っており、当時の東アジアの国際秩序であるワシントン体制（後述）を尊重するスタンスでした。この閣議決定にもとづき、事態を拡大しないよう陸軍首脳（南陸相、金谷参謀総長）に要請しました。

南・金谷ら宇垣派はもともと内閣の意向を尊重する姿勢であり、その要請に従い、参謀本部は関東軍に事態不拡大を指示します。ここで注意したいのは、命令ではなく「指示」という点です。これは関東軍が天皇直属の軍であるため、参謀本部には関東軍に対する命令権がないからです。それでも通常、参謀本部が指示を出せば軍はそれに従いますが、この時、関東軍は従いませんでした。

関東軍は、板垣・石原の主導で南満州の主要都市を占領すると、さらに占領地を南満全域に広げようとします。また、地方政府である張学良政権を否定して、親日的な独立新政権の樹立を画策し始めました。独立新政権は独立国家とは異なり、中国の主権のもとに樹立される自治的な政権です。独立国家は当然、他国の主権を認めませんから、それに比べると、独立新政権は中国に対して比較的おだやかといえます。関東軍は満蒙領有を実現するにあたって、穏健な手段でアプローチしようとしたわけです。

このような関東軍の動きを陸軍中央の一夕会系幕僚は支持し、不拡大方針の陸軍首脳部を突き上げます。彼らの強い圧力を受けた陸軍首脳部は、関東軍の動きを容認せざるをえなくなります。当初、占領地の拡大や新政権樹立に反対していた若槻内閣も結局、陸軍の姿勢を受け入れました。

明治憲法下では、内閣は軍に対する指揮命令権をもたず、そのため関東軍をコントロールするには陸軍首脳との連携が不可欠です。したがって、陸軍首脳部との信頼関係の維持を重視する観点から、占領地の拡大や独立新政権の樹立を認めざるをえなかったのです。なお、ここでいう「陸軍首脳」とは南陸相と金谷参謀総長を指し、「陸軍首脳部」には二人に加えて陸軍省の部局長クラスの幹部が含まれます。

ただ、この時、関東軍が樹立しようとした独立新政権はのちの満州国とは異なり、若槻内閣としては、当時の東アジア国際秩序であるワシントン体制が許容しうるギリギリのラインと考えていました。ワシントン体制とは、中国の領土保全・主権尊重を定めた九カ国条約（米英日仏伊中ほか）やワシントン海軍軍縮条約などからなる国際的な協調システムです。

宇垣派の陸軍首脳部も一夕会系幕僚の突き上げを受け、一時的な南満州占領と親日的な独立新政権の樹立まではやむをえないと考えていましたが、ワシントン体制そのものを否定するつもりはありませんでした。言い方を換えると、ワシントン体制から逸脱しなければば関東軍の動きをある程度容認しようということです。

陸軍首脳部がそのように考えた背景には当時、張学良が日本の既得権益に手をつけようとする動きをみせていたこともありました。満州における既得権益が侵《おか》されることは看過できない。この一線を守るには関東軍が少々手荒なことをしてもやむをえないと考えていたのです。

抑え込まれた関東軍

一九三一年（昭和六年）一一月、関東軍は北部満州（北満）の黒竜江省《こくりゅうこうしょう》の省都チチハルへの進撃を企図します。しかし、ソ連との衝突を危惧《きぐ》する陸軍中央はこれを認めません。

北満は旧ロシアの勢力圏で、中東鉄道（東清《とうしん》鉄道）などソ連の権益が存続しており、若槻内閣も国際的な考慮から関東軍の動きを止めるよう南陸相・金谷参謀総長に強く求めています。そのため関東軍は、中国側の馬占山《ばせんざん》軍との戦闘経過のなかでチチハルに進攻するものの、勅許による異例の参謀総長命令（後述）によって、やむなく撤退を余儀なくされます。同様に、陸軍中央は、関東軍の北満ハルビンへの出兵要請も認めませんでした。

すると関東軍は方向転換し、今度は張学良政権の臨時政府がおかれていた錦州《きんしゅう》に進撃しようとします。これに対して陸軍中央は、関東軍司令官以下主要幕僚の更迭《こうてつ》も辞さずとの強い姿勢をみせ、関東軍の動きを押しとどめます。錦州はイギリス権益の関与する北京・奉天間鉄道（京奉線《けいほうせん》）の沿線に位置し、その占領は国際的な強い反発が予想されたからです。若槻内閣は錦州進攻についても、南や金谷にその阻止を強く要請していました。

ここに至り、陸軍中央と一夕会系中堅幕僚の路線の相違が表面化します。陸軍中央では、南・金谷のみならず、杉山元《すぎやまはじめ》陸軍次官・小磯国昭《こいそくにあき》軍務局長・二宮治重《にのみやはるしげ》参謀次長・建川美次作戦部長がチチハル・錦州占領に強く反対しています。彼らはすべて宇垣派ですが、反対したのはソ連やイギリスに考慮したからです。前述のように陸軍首脳部は権益確保のため、ある程度の武力行使はやむをえないと考えていましたが、若槻内閣と同様、ワシントン体制そのものは尊重するスタンスでした。そのため、断固たる姿勢を取ったわけです。

これに対し、一夕会系中堅幕僚は当初から北満を含む全満州の事実上の支配を考えていました。また、抗日的な張学良政権の覆滅《ふくめつ》は当然であり、そのためには錦州攻撃も容認されるべきとの姿勢でした。

南満軍事占領と新政権樹立について、永田ら一夕会系中央幕僚たちは、小磯・建川ら宇垣派中央幕僚の一部を巻き込み、ついには南・金谷も動かして事態を推し進めてきました。しかし、北満チチハル占領や錦州進攻については、陸軍首脳部を動かすことができませんでした。この時点で、関東軍と一夕会系中央幕僚は動きが取れなくなりました。

石原ら関東軍は当初、中国主権下での独立新政権の樹立を主張していましたが、その後、日本の実権掌握下での独立国家の建設を策するようになります。これはかねて石原や一夕会主要メンバーが考えていた満蒙領有手段の一つのバリエーションでした。そして、関東軍は陸軍中央から認められていた新政権樹立の工作を続けながら、独立国家（のちの満州国）建設の準備を進めようとするのです。

しかし、南・金谷ら陸軍中央首脳部は、関東軍の独立国家建設方針を認めず、関東軍や一夕会系中堅幕僚は、それ以上計画を進めることが困難になりました。彼らは封じ込まれたわけです。

一般には、陸軍中央や内閣は関東軍にひきずられ、なすすべもなく既成事実を認めさせられたと考えられていますが、事実は、陸軍中央によって関東軍は身動きできないところまで抑え込まれていたのです。

陸軍中央にそれができたのは、関東軍に対する臨時参謀総長委任命令（臨参委命）の発動にあります。前述のように関東軍は天皇の直属であるため、陸軍中央が関東軍に指揮命令することはできません。そこで、勅許によって参謀総長が軍司令官を直接指揮命令できるようにしたわけです。

臨参委命を発動すれば、陸軍中央は関東軍に対して「指示」ではなく「命令」することができ、それに従わない者は命令違反で更迭できます。つまり、命令にそむけばクビにするぞとせまったわけです。

関東軍がチチハルや錦州への進攻に動こうとしたのは一九三一年（昭和六年）一一月、もしそのまま事態が推移すれば、翌年三月の定期異動で永田や石原をはじめ一夕会主要メンバーは枢要ポストからいっせいに外される可能性がありました。それは、彼らが周到に進めてきた企図の失敗を意味します。だから命令に従うしかない。こうして、陸軍中央は関東軍の暴走を食い止めたわけです。

ところが、それからまもなく予期せぬ事態が起きます。一二月一一日、若槻内閣が閣内不一致で突然総辞職したのです。これにより、事態は新たな展開をみせていくことになります。

陸軍内の権力転換

若槻内閣総辞職から二日後の一九三一年（昭和六年）一二月一三日、元老西園寺公望の奏薦《そうせん》によって犬養毅《いぬかいつよし》政友会内閣が成立します。この時、陸軍大臣に就任したのは、一夕会が擁立をめざしていた将官の一人、荒木貞夫教育総監部本部長です。

荒木は陸相に就任すると、皇族の閑院宮載仁《かんいんのみやことひと》親王を参謀総長に据えるとともに、翌年一月には盟友の真崎甚三郎台湾軍司令官を参謀次長におきます。以後、真崎が参謀本部の実権を握ることとなります。

荒木・真崎は、二月には一夕会メンバーの小畑敏四郎を参謀本部作戦課長につかせ、陸軍省軍務局長には山岡重厚《やまおかしげあつ》を任命。四月、永田鉄山が参謀本部情報部長に、山下奉文が陸軍省軍事課長に就任。さらに小畑は在任わずか二カ月で参謀本部運輸通信部長に転じると、後任の作戦課長には鈴木率道が就任。彼らはすべて一夕会員です。そのいっぽうで、宇垣派の杉山元・二宮治重・建川美次・小磯国昭らは中央から追われ、宇垣派は陸軍中央要職から一掃されました。陸軍における権力転換がおこなわれたのです。

この権力転換から陸軍の性格が大きく変化していきます。強い政治的発言力をもち、太平洋戦争への道を主導していく「昭和陸軍」はここから始まります。

それまで陸軍の実権を掌握していた宇垣派は政党政治に協力的で、その外交路線である国際協調を尊重し、ワシントン体制も遵守する姿勢でした。

これに対して、荒木・真崎と一夕会は政党政治を評価しておらず、国際協調に第一義的な優先順位を与えていませんでした。しかも一夕会は、国家総動員のために陸軍の組織的な政治介入が必要と考えており、政党政治を容認し軍の政治介入に慎重な宇垣派とは相違していました。

満蒙政策もこの時から変わっていきます。まず荒木陸相就任直後、陸軍中央で満蒙（北満を含む）は逐次日本の「保護的国家」に誘導するとした「時局処理要綱案」が決定されました。これは、中国主権下での新政権樹立から、中国の主権を否定する独立国家建設を

閑院宮載仁親王（1865〜1945年）

荒木貞夫（1877〜1966年）

真崎甚三郎（1876〜1956年）

めざす満蒙政策の大きな転換を意味していました。また、関東軍の全満州占領方針も陸軍中央によって承認され、チチハル・ハルビンの占領をはじめとする北満支配が実施されていきます。

そして犬養内閣は、満蒙は「逐次《ちくじ》一国家たるの実質を具有《ぐゆう》する様之《ようこれ》を誘導す」（引用内のふりがなは川田、以下同じ）とした「満蒙問題処理方針要綱」を閣議決定しました。陸軍の独立国家建設方針が内閣で正式承認されたのです。その直前の一九三二年（昭和七年）三月一日、関東軍主導のもと、満州国建国宣言が前黒竜江省長の張景恵《ちょうけいけい》を委員長とする東北行政委員会によってなされていました。東北とは、中国東北部すなわち満州をさしています。

こうして、永田・石原ら一夕会が企図した全満州の占領と独立国家建設は、政府の容認するところとなり、これ以後、一夕会系幕僚が陸軍を動かすことになっていきました。

荒木貞夫の陸相就任

このように、犬養内閣の成立と荒木の陸相就任は重大な歴史的意味をもっているのですが、西園寺が後継首班として政友会総裁の犬養を推薦したのは、衆議院第一党の内閣が政治的理由で総辞職した場合、原則として第二党の党首が組閣するという従来の方針によるものでした。注目したいのは、その犬養内閣において、なぜ陸軍非主流派だった荒木が陸相になりえたかです。

当時、陸軍大臣は陸軍三長官（陸軍大臣・参謀総長・教育総監）の推薦によって事実上決められていました。若槻内閣総辞職時の三長官は、南陸相・金谷参謀総長・武藤《むとう》信義《のぶよし》教育総監です。南・金谷はともに宇垣派、武藤は非宇垣派であり（武藤は真崎と同郷の佐賀県出身で真崎・荒木らと同グループ＝佐賀系。なお荒木は和歌山出身だが真崎との関係で佐賀系に連なる）、三長官会議で宇垣派優勢が動かない情勢でした。そのような状況で、なぜ荒木が陸相となったのか。

それは、一夕会による周到な政治工作によるものでした。一夕会の中核メンバーの一人鈴木貞一の回想から、その経緯をみてみます。

陸軍三長官会議の陸相候補推薦は、通常「一人に絞って」、つまり陸軍が事実上候補者を決めて出していました。ところが、この場合一人に絞ると、三長官会議の構成からして、一夕会の推す荒木らは候補になることはむずかしい。そこで、鈴木は森恪《もりかく》政友会幹事長と相談し、犬養の側から陸軍に「一人に絞ってもらっては困る。二人か三人の候補者を出してもらいたい。そのなかから総理［犬養］が選びたい」と申し出てもらうことにしたのです（木戸日記研究会・日本近代史料研究会編『鈴木貞一氏談話速記録』。［ ］内は川田、以下同じ）。

そこで、陸軍側から、林銑十郎・阿部信行《あべのぶゆき》・荒木の候補者を出し、そのなかから犬養は荒木を選んだ。鈴木と森幹事長はあらかじめ荒木を選ぶように取り決めており、森から犬養にそのように働きかけていました。犬養は党内情勢から、主流派有力者で幹事長である森の意向を受け入れざるをえず、荒木の陸相就任が決まったのです（同右）。鈴木と森はかねてから親しい関係にあり、森は荒木とも直接交流があったことがわかっています。

いっぽう、南陸相の日記には――南・金谷・武藤の三長官会議では、陸相候補として金谷は阿部信行・林銑十郎を、武藤は荒木貞夫・阿部信行を挙げ、結局、阿部・荒木を推薦することに決まった――とあります。南自身はその場では候補者名に言及していません。

鈴木の回想と南の日記には一部違いがありますが、いずれにせよ犬養側からの要請により、陸軍三長官から公式に複数の候補を推薦させ、政友会への工作によって荒木陸相の実現をめざしたことは明らかです。

一夕会の政治工作はこれだけではありません。同時期、永田鉄山は政友会の有力者小川《おがわ》平吉《へいきち》に、次のような書簡を出しています。

陸相候補につき……長老［は］あるいは阿部［信行］中将を推すかも知れず、……少なくも候補の一人に出ることとは思いますが、同中将では今の陸軍は納まりません。……今日《こんにち》、同氏は絶対に適任ではありませぬ。荒木［貞夫］中将、林中将（銑十郎）あたりならば衆望の点は大丈夫です。この辺の消息は森恪氏も承知しある筈《はず》です（……最近阿部熱高まりしは宇垣大将運動の結果なりとて、部内では憤慨しています）。（小川平吉文書研究会編『小川平吉関係文書』。……は中略、以下同じ）

宇垣の推す阿部元陸軍次官を退《しりぞ》け、荒木か林を陸相に、という趣旨ですが、小川は犬養への書簡で、この永田の意見を陸軍要路の「極《きわ》めて公平なる某大佐」からのものとして伝え、自《みずか》らも荒木を最適任としています（同右）。なお、永田と小川はともに信州出身で、旧知の間柄でした。

安達内相の謎の動き

これらの工作が実り、荒木は陸相となったのですが、ここでもう一つ見逃せないのは、そもそも荒木が陸相になる前提となった若槻民政党内閣の総辞職です。前述のように、若槻内閣は関東軍が身動きの取れなくなった一九三一年（昭和六年）一二月、閣内不一致で突然の総辞職をしています。ここに至る経緯は次のようなものでした。

総辞職する一カ月ほど前、内閣で若槻に次ぐポジションにあった安達謙蔵《あだちけんぞう》内務大臣が政友会との協力内閣、今でいう連立内閣を提起しています。これは、現在の民政党内閣だけでは陸軍をコントロールすることはむずかしいとの判断によるものでした。当時、民政党では協力内閣を支持する幹部が少なくありませんでした。そうしたなか、若槻は当初、安達の提案に賛同しますが、井上準之助《いのうえじゅんのすけ》蔵相や幣原喜重郎外相が難色を示すと、考えを改め、協力内閣をしない旨を安達に伝えます。

すると、安達は自宅に籠《こ》もり閣議に出なくなってしまいます。このような場合は通常、辞任するものですが、安達は辞めずに閣議をボイコットしたわけです。こうなると、困った事態になります。当時、内閣総理大臣には閣僚の罷免権がありませんでした。安達を辞めさせようにも辞めさせられず、さりとて閣議にも出てこないので、何も決められなくなってしまった。閣議は全員一致が原則ですから。こうして、若槻内閣は総辞職に追い込まれたわけです。

安達は一九〇二年（明治三五年）から衆議院議員を務めるベテラン政治家ですが、暴挙とも思える行動に出た。なぜそのようなことをしたのか。これについては多くの研究者が調べていますが、実のところ、よくわかっていません。安達自身も回想などでまったくふれておらず、昭和史における謎の一つです。これはあくまで私見ですが、安達の動きの背後に一夕会の工作があったのではないか。

安達は満州事変前から陸軍首脳に閣内で唯一、陸軍に理解のある人物とみられており、もともと宇垣派の将官と親しかったことがわかっています。ただ、安達直系の政治家に、協力内閣実現を熱心に提起した中野正剛《なかのせいごう》がおり、この中野が荒木貞夫と古くからの知り合いであり、陸軍中堅幕僚とも交流がありました。その中堅幕僚が一夕会のメンバーだった可能性は考えられます。

安達謙蔵（1864〜1948年）

さらに安達自身も荒木との共通点があります。安達は熊本県出身で、選挙区も熊本県でした。いっぽう、荒木は熊本の歩兵第十三連隊長を務めたことがあり、その後、第六師団（熊本）の師団長に就任しています。二人が接触をもったことも十分考えられます。ただし、若槻内閣の倒閣後、安達と荒木は親しくなっていますが、以前に二人の交流を示すものはみつかっていません。安達の閣議出席拒否のすこし前、熊本での陸軍大演習の際に、二人が会談したとの証言もありますが、真偽は定かではありません（伊藤隆ほか『語りつぐ昭和史』1）。

いずれにせよ、関東軍が満州で身動きが取れなくなっていたタイミングで若槻内閣が総辞職し、一夕会が推していた荒木が陸相に就任する。それにより、一夕会と関東軍は苦境から脱しています。

繰り返しますが、荒木の陸相就任は大きな分岐点でした。もし宇垣派の阿部信行が陸相についていれば、陸軍は別の方向に動いていた可能性があったからです。荒木の陸相就任によって陸軍の性格が大きく変わり、以後、陸軍の政治関与が進むことになります。また、満州事変によって建国された満州国は日本の傀儡《かいらい》政権であると、各国から非難を受け、日本が国際的に孤立していく一つのきっかけとなりました。

第二章

五・一五事件

――事前に計画を知っていた陸軍中央

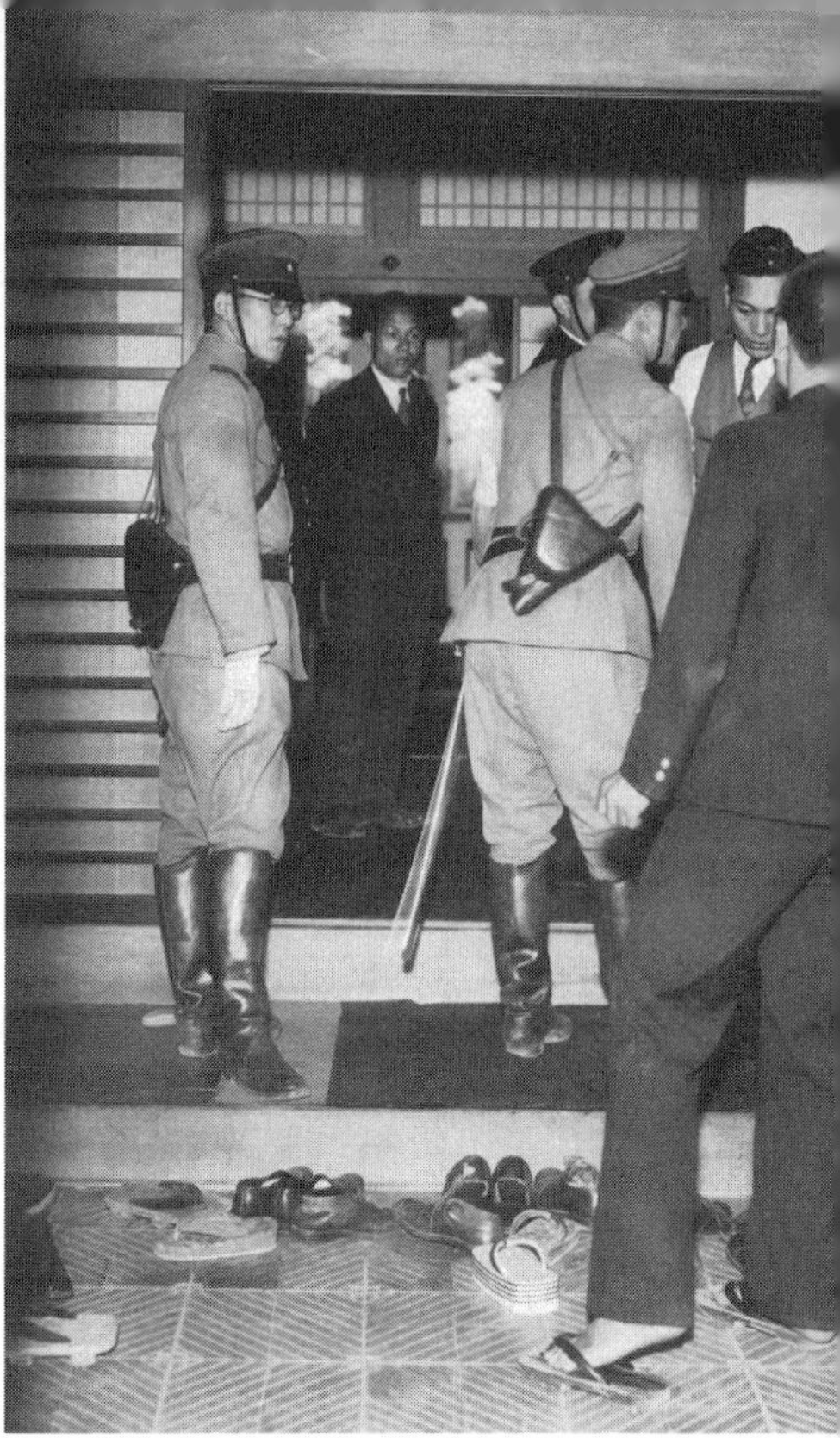

五・一五事件直後、首相官邸の日本間玄関で事情聴取する憲兵隊員

なぜ犬養毅がねらわれたのか

柳条湖事件から約八カ月後の一九三二年（昭和七年）五月一五日、三上卓《みかみたかし》・古賀清志《こがきよし》ら海軍青年将校、および陸軍士官候補生、私塾「愛郷塾《あいきょうじゅく》」塾生などが、首相官邸・警視庁・その他を襲撃し、犬養毅首相が殺害されました。いわゆる、五・一五事件です。

なぜ犬養首相が命をねらわれたのでしょうか。

前年一二月に成立した犬養毅政友会内閣は、陸軍の満州における独立国家建設方針を容認し、閣議決定します。しかし犬養自身は、満州における中国の主権をある程度認める方向で国民政府と妥協し、事態の収拾をはかりたいと考えていました。軍部への対応上、満州での軍事行動は日本の自衛行動として認めましたが、独立国家形態を固定化することには否定的でした。それは独立国家の場合、中国領土を分割することになり、一九二二年（大正一一年）に中国の領土保全を定めた九カ国条約に抵触する恐れがあるとみていたからです。

犬養は、満州国建国を主導している関東軍幕僚やそれを支援する陸軍中央幕僚らを罷免すべく、宮中や陸軍長老などに働きかけますが、不首尾に終わります。そこで、独立国家建設の方向を基本的には認めながらも、日本政府として満州国を正式に承認することには消極的態度を取り続けたわけです。これは、満州国建国に批判的なアメリカやイギリスなど国際社会への配慮と思われます。

いっぽう、陸軍にとって最大の問題は満州国の承認でした。すでに満州は関東軍が占領し、満州国も建国済み。ここで政府の正式な承認が得られなければ、それまでの苦労が水泡に帰してしまいます。そして、満州国内の日本側権限を法的に正式のものにするには、国家間の条約のかたちを取る必要があり、それには日本政府による満州国の承認を必要としたからです。つまり、犬養の存在は大きな障害だったのです。

事件直前、元老西園寺公望の秘書で側近の原田熊雄《はらだくまお》は、次のような発言を残しています。

犬養毅（1855〜1932年）

> 軍の方では、犬養総裁がやたらに陛下のお力によって軍を抑えよう抑えようという気持ちがあるといって、それに対する反感が非常に高まっている。（原田熊雄述『西園寺公と政局』）

こうしたなかで五・一五事件が起きたわけですが、事件を起こしたのは陸軍側ではなく、三上・古賀ら海軍の青年将校でした。彼らはもともと、クーデターやテロによる国家改造を考えており、志向を同じくしていた陸軍の隊付将校（陸軍省・参謀本部ではなく各部隊に勤務する将校）グループ、大岸頼好《おおぎしよりよし》・村中孝次《むらなかたかじ》・菅波三《すがなみさぶ》郎《ろう》・安藤輝三《あんどうてるぞう》らとつながりをもっていました。さらに茨城県で愛郷塾を主宰していた農本主義者の橘　孝三郎《たちばなこうざぶろう》、右翼活動家の井上日召《いのうえにっしょう》ら民間活動家とも関係がありました。

　三上ら海軍青年将校は当初、陸軍青年将校とともに決起することを考えていましたが、陸軍側はこれに応じていません。彼らは一夕会が推した荒木陸相の就任によって、自分たちの考えや意見が政府の政策に反映される可能性に期待をかけていたからです。

　ただ、陸軍青年将校は五・一五事件には自重して加わらなかったものの、海軍青年将校側の行動自体は容認していました。しかも、一夕会の小畑敏四郎参謀本部運輸通信部長ら一部の陸軍首脳部は、事前に決起計画を知ったにもかかわらず、阻止に動いていません。陸軍青年将校の山口一《やまぐちいち》太郎《たろう》は戦後、「五・一五事件の計画を小畑に伝えたが、小畑はまったく動かなかった」と証言しています（『現代史資料』(4)月報）。

　おそらく小畑は陸軍首脳の一部の者には知らせたと思われますが、なんら手を打っていません。重大な決起計画を知りながら、それを隠していたことは軍法会議で罰せられる可能性があります。しかし、五・一五事件では、この四年後の二・二六事件のような事後の厳しい追及はなされませんでした。

陸軍首脳部が計画を知ったにもかかわらず動かなかったのは、おそらく陸軍に犬養への強い反感があったためでしょう。もっといえば、海軍青年将校らの決起によって犬養が排除されたら、都合がいいととらえた。犬養が首相の座を降りれば、次期首相によって満州国が承認される可能性が出てきますから。

なお、五・一五事件に先立つ二月に民政党の井上準之助前蔵相が射殺され、三月には団《だん》琢磨《たくま》三井《みつい》合名《ごうめい》理事長が同様に射殺されるテロ事件が起こっています。これらは井上日召の主宰する右翼団体「血盟団《けつめいだん》」による犯行で、血盟団事件と呼ばれます。

三上卓（1905〜1971年）

古賀清志（1908〜1997年）

大川周明の暗躍

前述のように五月一五日、海軍将校と陸軍士官候補生によって首相官邸・内大臣官邸・政友会本部・警視庁などが襲撃されたほか、愛郷塾の塾生によって東京近辺の六カ所の変電所が襲われました。首相官邸では犬養首相が銃撃されて死亡しました。

内大臣官邸では、古賀の判断によって屋外から威嚇《いかく》するだけにとどめられ、牧野伸顕《まきののぶあき》内大臣は無事でした。古賀がそうしたのは、牧野と関係があった右翼の大物で思想家の大川《おおかわ》周明《しゆうめい》からの依頼によるものとされていますが、古賀はそれについてはっきりとした証言をしておらず、真相は不明です。ただ、大川は犯行グループに拳銃と資金の一部を提供していたことがわかっています。

政友会本部では、手榴弾が爆発したものの被害はなく、警視庁では手榴弾による爆発で数名が負傷。東京の暗黒化をねらった変電所襲撃は、設備の一部を破損させただけで、送電機能にダメージを与えることはありませんでした。

襲撃後、海軍将校と陸軍士官候補生は憲兵隊本部に出頭し、逮捕されます。愛郷塾生は警察に自首、もしくは逃亡・潜伏中に逮捕されています。こうして、事件はあっけなく終結しました。

当初の計画案では、海軍の東郷平八郎《とうごうへいはちろう》元帥をかついで宮中へ向かい、戒厳令を敷くことなどが盛り込まれていましたが、変更されています。つまり、クーデターからテロ事件となったのです。準備した手榴弾も実際に使用されたものの、不発に終わったものが多いなど、それなりの理念と志《こころざし》をもってなされたわりには、中途半端に終わっています。

その要因の一つは、数カ月前の血盟団事件により海軍青年将校の周辺に内偵捜査の手がのびていたことです。そのため、決行を急がなければならず、準備不足のまま踏み切らざるをえなかったのです。

なお、事件翌年の一九三三年（昭和八年）七月二四日に海軍関係者の、二五日に陸軍関係者の公判が始まり（軍法会議）、九月二八日には東京地裁で民間側被告の公判が始まりました。これらの裁判は新聞や雑誌でも取り上げられ、国民の間に減刑嘆願運動が広がっています。犯行グループの動機のなかに社会的矛盾の解決があり、それに共感する人たちが少なくなかったからです。

大川周明（1886～1957年）

軍法会議の判決は、それぞれ陸海軍首脳部の意向も反映され、比較的軽い量刑となりました。たとえば、事件の首《しゅ》魁《かい》である三上・古賀には反乱罪が適用されましたが、通常反乱罪は死刑であるにもかかわらず、禁錮一五年でした。

いっぽう、民間側の判決は、橘孝三郎に無期懲役、大川周明に禁錮一五年などが科されています。

事件の背景

それでは、事件の背景についてみてみましょう。まず、なぜ青年将校たちは国家改造が必要だと考えたか。

これには、昭和恐慌による農村の疲弊があります。陸軍の場合、兵士の多くは農村出身であり、隊付将校は、部下である兵士の故郷のくらしが不安定なため、軍務に支障が出かねない状況を目の当《ま》たりにしていました。海軍にしても、部下から同様の事情を聞いていたはずです。つまり、彼らはまっとうな軍隊を維持するためにも、社会不安を取り除くべく国家改造が必要だと考えたわけです。

もう一つ注目されるのは、青年将校たちがアジア主義的な考え方をもっていたことです。アジア主義とは、日本がアジアの主導者となり、アジアをヨーロッパ諸国の支配から解放すべしとする考え方です。そのためには日本は強くならなければいけない。ところが第一次世界大戦後、世界的な軍縮が叫ばれるようになります。世界平和のためとはいえ、アジア主義からすると、それでは日本はアジアを解放することができない。こういう思いが青年将校たちにあったのです。

つまり、国家改造・アジア主義・反軍縮の三つがセットになって、青年将校を突き動かしたのです。彼らにアジア主義の考え方が広まったことは、国家社会主義の思想家北一輝《きたいっき》の影響によるところが大きいと思われます。

当時、ワシントン海軍軍縮条約（一九二二年）に続いて、ロンドン海軍軍縮条約（一九三〇年）でも、日本が求めた軍艦の保有率はかなわず、青年将校らには欧米から不当な圧力をかけられているという不満が鬱積していました。そうした不満や怒りを、筋道を立てて理論化し、アジア主義という指針を明示したのが、北一輝です。

北一輝（1883〜1937年）

北と青年将校を結ぶうえで重要な役割をはたしたキーマンが、元陸軍軍人で国家改造運動を提唱していた国家主義者の西田《にしだ》税《みつぎ》です。西田は北から強い影響を受け、青年将校とも交流を深めていました。
その西田の国家改造運動に強くひかれたのが海軍青年将校の藤井《ふじい》斉《ひとし》です。養父（建築家山口半六《やまぐちはんろく》）の影響でアジア主義を志向していた藤井は西田を訪ね、その後、社会改造をめざす海軍青年将校グループのリーダー格になります。彼は五・一五事件の数カ月前に上海で戦死しますが、北の思想を同志の青年将校に伝えていました。

陸軍で北の思想を伝えた人物は、陸軍青年将校の大岸頼好です。大岸も西田とつながりが深く、北の理論を冊子『皇政維新法案大綱《こうせいいしんほうあんたいこう》』としてまとめ、それが青年将校らに渡っています。大岸が北の理論を自分の著作として出したのは、北は民間人であり、軍人が民間人の主張をそのまま受け入れるのは抵抗感があったためと思われます。

北の主張とは――軍が中心になってクーデターを起こし、社会改造をおこなう。その改造は一定以上の私有は国家が吸収して人々に分配する――というものでした。いわゆる「国家社会主義」ですが、明快でわかりやすい理論であったため、それまで不満や怒りをかかえながらもどう動けばいいかわからなかった青年将校に歓迎されたのです。

アジア主義にはすこし注意が必要です。日本はアジアの盟主であり、ヨーロッパの支配からアジアを解放しなければならないという考えは、戦争を始める大義になりうるかもしれません。しかし、当時の軍部がアジアの国々のために戦争を起こそうと考えていたわけではありません。

それは、陸軍省軍務局高級課員（課長補佐相当）として開戦前の政策立案に携わった石《いし》井秋穂《いあきほ》が、回想録で「われわれ日本民族の血の犠牲によって解放してやる、彼らに奉仕してやる、義侠心を揮《ふる》い起こしてやってやるとの考え方は持ちませんでした」(保阪正康『昭和史 七つの裏側』)と述べていることでもわかります。

ですから、日本はアジアの国々のために戦争を始めたとする見解がありますが、これは明らかにいいすぎです。だからといって、戦前の日本がアジアの国々のことを考えていなかったわけでもありません。いずれアジアはヨーロッパの支配から解放されなくてはならない、そのために日本は積極的に協力すべきであるという思いは、青年将校たちにもあったでしょう。ただ、その思いは、アジアでの指導権の掌握、そのための軍備拡張という、ある意味で膨張主義的な考えと混在していたのです。

政党内閣の終焉

事件から七日後の一九三二年(昭和七年)五月二二日、元老西園寺公望は、後継首班に海軍出身の斎藤《さいとう》実《まこと》元朝鮮総督(予備役海軍大将)を昭和天皇に奏薦、二六日に斎藤内閣が成立しました。ここに、日本の政治は大きな転機を迎えました。政党党首が首相を務める政党内閣の中断です。

九月一五日、斎藤内閣は満州国政府と「日満議定書」を取り交わします。日本政府は満州国を正式に承認するとともに、満州国における日本の諸権利、すなわち関東軍の駐留や資源の確保などが法的に確認されました。陸軍の希望が通ったわけです。

なぜ、西園寺は政党党首を後継首班として奏薦しなかったのでしょうか。

西園寺はかねてからイギリス型の議院内閣制を理想としており、原則として衆議院で多数を占めた政党の党首が政権を担当し、その内閣が政治的理由によって辞職した場合は第二党が政権につくべきと考えていました。また、テロや陰謀によって政権を移動させるべきではないとも考えていました。

事件後の五月一七日、政友会では死亡した犬養に代わり、鈴木喜三郎《すずききさぶろう》内相が後継総裁に決定していました。西園寺の方針からすれば、鈴木が次期首班候補になるはずです。

注目したいのは、これより前に陸軍の小畑敏四郎参謀本部運輸通信部長が近衛文麿貴族院副議長に述べた、次の発言です。「この際再び政党内閣の樹立をみるが如きことにては、ついに荒木陸相といえども部内を統率するは困難なり」(木戸日記研究会編『木戸幸一日記』)。

近衛は一六日に、このことを木戸幸一《きどこういち》内大臣秘書官長や西園寺秘書の原田熊雄に伝えています。近衛・木戸・原田はいずれも西園寺の側近です。翌一七日、この三人に招かれた鈴《すず》木《き》貞一《ていいち》陸軍省軍事課支那班長は「内閣が再び政党に帰するがごとき結果とならんか、第二第三の事件を繰り返すに至るべし」(同右)と警告しています。

同日、永田鉄山参謀本部情報部長も、やはり三人と懇談し、「自分は陸軍の中にては最も軟論を有するものなり」としながら、次のようにいうのです。「現在の政党による政治は絶対に排斥するところにして、もし政党による単独内閣の組織せられんとするが如き場合には、陸軍大臣に就任するものは恐らく無かるべく、結局、組閣難に陥るべし」(同右)。

つまり、西園寺の側近三人から意見を聞かれた陸軍中枢の永田・小畑・鈴木は、そろって政党内閣に否定的な意見を述べたわけです。彼らはいずれも一夕会の中核メンバーですが、政党内閣排除は彼らの方針でした。しかも、小畑と鈴木の発言は、政党内閣を続ければ何が起きるかわからない、という恫喝《どうかつ》です。

西園寺公望(1849～1940年)

五月二〇日には、荒木貞夫陸相も政党内閣を否定する挙国一致内閣論を、西園寺に直接伝えています。

こうした陸軍からの意見や要請や恫喝が、西園寺に政党内閣を断念させる大きな圧力になったと思われます。

西園寺は首相経験者や陸海軍長老、宮中高官などから意見を聞いています。その結果、政党党首以外の首班候補として斎藤実と平沼騏一郎《ひらぬまきいちろう》が挙がっていました。しかし、元司法大臣の平沼は国本社《こくほんしゃ》を主宰するなど右翼的色彩が強く、西園寺は忌避。結果、海軍出身で穏健派の斎藤実が後継首班となったのです。政友会と民政党も西園寺の判断を容認し、斎藤内閣には政友会から三人、民政党から二人が入閣しています。

政党内閣は犬養内閣をもって終わり、復活は戦後の一九四六年（昭和二一年）五月に成立した第一次吉田茂《よしだしげる》内閣まで待たねばなりませんでした。これが五・一五事件のもたらした、もっとも重要な政治的影響です。

実は、永田・小畑・鈴木と西園寺側近三人との面談は、明治・大正期の元老井上馨《いのうえかおる》の養孫である井上三郎《さぶろう》侯爵陸軍省動員課長の引き合わせでおこなわれたものでした。井上は鈴木（貞）と親しい関係にあり、面談は鈴木から井上に働きかけたものと思われます。それは、井上が西園寺の側近三人をたまたま知っていたから、永田ら三人と会う機会をもうけたものではないでしょう。

おそらく永田らは、最初から西園寺側近の三人にねらいを絞ったうえで、彼らに会わせるよう、鈴木を通じて井上にもちかけたのでしょう。もちろん、西園寺に圧力をかけるためです。だとすると、政党内閣の終焉は永田・小畑ら一夕会がもくろんだものであり、犬養首相殺害というショッキングな事件の余韻が後押しして実現したものといえます。

首相選定方式の変更

五・一五事件後、もう一つ軽視できない政治的変化があります。首相選定手続きの変更です。これは副次的な変化とはいえ、一国の首相の決め方が変わったのですから、重要です。

事件から三カ月後の一九三二年（昭和七年）八月一二日、西園寺公望は牧野伸顕内大臣に政変の場合の奉答について、「今後内閣交代の場合の御下問《ごかもん》は単に元老のみとせず、重臣を集められ、内大臣の下にて協議奉答する」ことにしたいと述べています（木戸日記研究会編『木戸幸一日記』）。自身が高齢で病気がちであることが、その理由です。なお、内大臣は政務面で天皇を補佐する宮中高官です。

それまで、西園寺はただ一人の元老として、もっぱら個人の責任において次期首相候補の奏薦をおこなっていました。事前に各界有力者や周囲から意見を聴取することはあっても、最後は自分の判断で奉答していたわけです。それを、今後は内大臣および重臣と協議して奉答するようにしたいというのです。

西園寺は政党政治が軌道に乗って安定化すれば、自分の亡きあとは元老制度の廃止を考えていました。天皇への次期首班候補の奉答は、先にふれたイギリス型の内閣交代の原則に従って内大臣が事務的におこなうことを念頭においていたからです。

ところが五・一五事件後、政党政治の安定が遠のいたと判断し、別の方策を考えたのです。この時西園寺は八四歳、自分の死後のことを考慮していたのでしょう。西園寺は、政府が軍に引きずられるのは困ったこととしながらも、過渡期の一時的な現象だろうと楽観的にみていました。

西園寺の意向を受けて牧野は、木戸内大臣秘書官長に具体案の作成を指示。木戸は、牧野のほか、一木喜徳郎《いちききとくろう》宮内大臣・鈴木貫太郎《すずきかんたろう》侍従長らの意見も聞き、一二月一〇日、最終案を作成します。

その要点は——元老は重臣と協議して次期首相候補者を決定し、天皇に推薦する。その協議には内大臣も参加し、重臣は、枢密院議長、ならびに宮中より前官礼遇《ぜんかんれいぐう》を受ける首相経験者とする——です。

前官礼遇とは、功績のあった者に対して退官後も在官時と同じ待遇が与えられることですが、これには一定以上の在任期間などの条件がありました。のちに木戸が内大臣になると、前官礼遇を受けていなくても首相経験者であれば、首相候補者を選定する重臣にするように改められています。この重臣らとの協議制による首相候補選定案は、西園寺の了解を得て、一九三三年（昭和八年）二月二八日、宮中高官の間で決定されて上奏、裁可されました。

ちなみに、この案が実行されたのは次の岡田啓介《おかだけいすけ》内閣成立時のみでしたが、その後も、この時に定められた手続きが多かれ少なかれ参考にされています。

誤算だった国際連盟脱退

前述のように、斎藤実内閣は一九三二年（昭和七年）九月一五日に満州国を承認しました。しかし国際的な非難が高まり、国際連盟はリットン調査団を派遣し、同年一〇月、「リットン報告書」が公表されました。その内容は、比較的日本に融和的なものでしたが、満州における日本軍の行動は、日本が主張する自衛行為とはみなされず、満州国建国も認められませんでした。

斎藤内閣は満州国承認前、すでに八月二七日には、日本の満蒙政策の根本が覆《くつがえ》されるような事態に至れば国際連盟脱退も辞さない方針を決定していました。また陸軍も、満州事変は自衛権の発動であり、満州国建国は中国内部の分離運動によるもので、九カ国条約や国際連盟規約には反しないと主張しており、それが認められなければ連盟脱退もやむなしと判断していました。

いっぽう、元老西園寺は常任理事国の地位を棄《す》てるべきではないとの意見でしたが、近衛文麿と木戸幸一は脱退を容認しています。

翌一九三三年（昭和八年）二月二四日、連盟総会は「リットン報告書」の承認と日本軍の撤退を求める勧告案を採択します。ここに、日本は国際連盟を脱退します。なお、同年一〇月にナチス・ドイツも連盟から脱退していますが、当時ドイツも日本と同じ常任理事国でした。

日本の国際連盟脱退は満州国承認の可否を主要因とするものですから、これも五・一五事件後の重要な政治的影響といえるでしょう。

その後、同年五月、日中間で塘沽《タンクー》停戦協定が締結されました。これにより、柳条湖事件から始まった満州事変は一つの区切りを迎えることとなります。

柳条湖事件によって中国での勢力拡大（資源確保）の足がかりをつかみ、満州を支配下におさめる構図は、一夕会が描いたものでした。その後の展開も、おおむね一夕会が描いたように進みましたが、国際連盟脱退まではおそらく彼らも考えていなかったはずです。

一夕会は当初、満蒙領有を唱えていましたが、その後、満州国建国に転じました。領有だと、国際連盟の規約に違反するからです。そこで、満州国をつくり、それは満州の人々の自発的意思によるものということにすれば、海外からの非難は避けられると考えた。ところが、国際連盟はそうはみませんでした。これは一夕会にとって誤算だったでしょう。

政党政治期の対外政策方針である国際的平和協調路線は、満州事変と満州国承認によって放棄され、五・一五事件を契機に、政党政治そのものが息の根を止められることになりました。それらはいずれも陸軍の意図したものであり、その後、日本は戦争へと加速していくことになります。

永田町《ながたちょう》・三宅坂《みやけざか》方面の反乱部隊に向け、砲列を敷いた鎮圧部隊。日比谷《ひびや》公園にて

第三章

二・二六事件

——昭和陸軍を動かした統制派の伸張

一夕会の分裂

一九三六年（昭和一一年）二月二六日早朝、陸軍の隊付青年将校が国家改造をめざして、武装蜂起しました。二・二六事件です。

首謀者の野中四郎《のなかしろう》・香田清貞《こうだきよさだ》・村中孝次・安藤輝三・磯部浅一《いそべあさいち》・栗原安秀《くりはらやすひで》らは、第一師団・近衛師団の兵約一五〇〇人を率いて永田町《ながたちょう》一帯を占拠し、斎藤実内大臣・高橋是清《たかはしこれきよ》大蔵大臣・渡辺錠太郎《わたなべじょうたろう》陸軍教育総監を殺害、鈴木貫太郎侍従長に重傷を負わせます。首相官邸も襲撃され、岡田啓介首相は当初、死亡したものとみられていました。湯河原《ゆがわら》に滞在していた牧野伸顕前内大臣も別働隊の襲撃を受けましたが、関係者の機転で無事でした。

事件後、政府や軍部でさまざまな動きがありましたが、翌二七日に占拠部隊鎮圧の奉《ほう》勅《ちょく》命令が上奏されて裁可。二八日朝に下達され、二九日には蜂起した将校・兵士ともに投降し、帰順しています。

二・二六事件は近代日本最大のクーデター事件ですが、ここに至るまでには陸軍内で複雑な経緯がありますので、そこからみていきましょう。

前述のように、一九三一年（昭和六年）一二月に成立した犬養毅内閣で、荒木貞夫が陸相に就任。これによって一夕会は陸軍の実権を掌握しますが、しばらくして永田鉄山と小畑敏四郎の間に確執が生じます。その原因は路線や考え方の違いなどではなく、人事をめぐるものと思われます。満州事変前の刷新人事で、一夕会メンバーの多くが陸軍中央に異動したなか、小畑は陸軍士官学校副校長に就任しました。このポストでは陸軍中央の重要会議に出ることができませんから、プライドの高い小畑には不満だったでしょう。

問題は、永田と小畑の確執をとらえて、荒木と真崎甚三郎が一夕会の土佐系（山岡重厚・小畑・山下奉文など）と佐賀系（牟田口《むたぐち》廉也《れんや》・土橋《つちはし》勇逸《ゆういつ》など）を抱き込み、彼らを有力ポストにつけるなどして、派閥を形成したことです。これが「皇道派」です。

これによって一夕会に亀裂が入り、永田ら一夕会主流は、荒木・真崎らをコントロール

野中四郎（1903～1936年）

香田清貞（1903～1936年）

安藤輝三（1905～1936年）

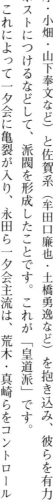

することが困難となり、皇道派が主導権を掌握します。

皇道派の中心ラインは真崎の出身である佐賀系でした。さらに、柳川平助《やながわへいすけ》陸軍次官（佐賀）も皇道派に属し、これに秦真次《はたしんじ》憲兵司令官・香椎浩平《かしいこうへい》教育総監部本部長・松浦淳六郎《まつうらじゅんろくろう》人事局長（すべて福岡）などが連なっています。

いっぽう、永田のもとには、東条英機・武藤章・冨永恭次《とみながきょうじ》・影佐禎昭《かげささだあき》・池田純久《いけだすみひさ》・真田穣一郎《さなだじょういちろう》・片倉衷・服部卓四郎《はっとりたくしろう》・西浦進《にしうらすすむ》・辻政信《つじまさのぶ》ら中堅幕僚が集まり、いわゆる「統制派」を形成しました。

皇道派と青年将校の接近

このような陸軍中央の動きのほかに、隊付青年将校の間にも、国家改造をめざす政治的グループが形成されていました。彼らは一夕会などの動きとは別に、すでに満州事変前後から活動していました。

中心メンバーは大岸頼好・香田清貞・大蔵栄一《おおくらえいいち》・村中孝次・菅波三郎・安藤輝三・磯部浅一・末松太平《すえまつたへい》・栗原安秀らで、彼らはしばしば「皇道派青年将校」とも呼ばれますが、荒木・真崎らの皇道派とは問題意識も理念も異なります。集団としてはまったく別個の存在です。その理念は前章でも述べたように、北一輝の『日本改造法案大綱』に影響を受け、土地改革や所有制限など国家社会主義的な思想を含んでいました。

永田鉄山ら統制派は、彼ら（二〇〇〇人以上に達していたとみられる）に対して、次のように考えていました。

――隊付青年将校の国家改造運動は相当の広がりをもち、これが軍の統制を乱し、軍部による国家の改革を困難にしている。彼らの国家改造の志を否定するものではないが、そのような横断的結合による活動は、軍紀上許すべからざるものである。しかし強圧的な処置は、彼らを潜行させるか過激化させることになる。彼らに対処するために国家改革の具体案を作成し、これによって合法的手段で政府を指導し、国家改造を実現していかなければならない――。

そして、青年将校グループの国家改造運動を許容しない姿勢を打ち出します。五・一五事件前後から、彼らが各種のテロ行為や皇道派とつながるクーデター計画に加担しているのではないかと疑い、実際に何度か阻止的な行動を取っています。

いっぽう、青年将校グループはそれに対抗するために皇道派に接近、統制派への感情を悪化させていきます。皇道派も統制派との対抗上、青年将校グループを積極的に抱き込みます。ただ、真崎らは内心、彼らの国家社会主義的志向を嫌っていました。
このような相違をはらみながらも、両者は統制派との対抗上、関係をもつようになりました。

陸軍パンフレットを読み解く

一九三三年（昭和八年）六月、真崎甚三郎は陸軍大将に進級するとともに中将職である参謀次長を退き、軍事参議官となります。翌年（一九三四年）一月、荒木貞夫陸相がインフルエンザ罹患を理由に辞職すると、後任の陸相に林銑十郎が就任し、林に代わって真崎が教育総監となります。

三月、永田鉄山が軍務局長に就任します。もともと真崎・荒木・林の三人は近しい関係にありましたが、やがて林は荒木・真崎の派閥的手法に不満をもつようになります。そこで林は、永田系中堅少壮幕僚の強い働きかけもあり、荒木・真崎らと距離が生じていた永田を軍務局長に据えたのです。

七月三日、四月に起こった帝国人造絹絲《ていこくじんぞうけんし》の持株売買をめぐる政界疑惑（いわゆる帝人《ていじん》事件）で斎藤実内閣が総辞職すると、代わって海軍出身の岡田啓介が組閣しました。林陸相は留任です。一〇月、陸軍パンフレット『国防の本義と其強化の提唱』が発行されます。これは、統制派の綱領的文書ともいうべき重要なものです。

これは、永田軍務局長の指示により池田純久軍務局員らが原案を執筆し、永田の点検と承認をへて、発表されています。内容は「国家の全活力を総合統制」する方向で国防国策の強化、具体的には軍備の充実・経済統制の実施・資源確保など、それまでの永田の考えが踏襲されています。つまり、国家総力戦のための総動員態勢構築案です。ただし、以前の永田の主張から変化がみられます。

従来は、戦時における国家総動員を実現するため、平時にその準備・計画を整《ととの》えておく方針でした。しかし、同パンフレットでは、戦時のみならず平時においても国家総動員的な国家統制が必要であるとして、その理由について次のように説明しています。

林銑十郎(1876〜1943年)

——世界は今や「国際的争覇戦時代」であり、「国際的生存競争」のもと、平時においても不断の「国際的経済戦争」がなされている。それに対処するためにも、国家総動員的な国家統制が必要である。ことに中国市場を確保し、その経済力を掌握しなければならない――。

ここからは、満州事変・国際連盟脱退をへて、政治的発言力を増大させてきた陸軍の、国家統制への強固な意志を読み取ることができます。

見逃せないのは、対米・対中戦略について次の見方を示していることです。すなわち――今後の海軍軍縮会議（第二次ロンドン軍縮会議）では、従来のような低い対米比率を強要されることは断じて許容できない。中国はアメリカの力を借りて排日的な政策を取っており、「海軍力の消長」は対米のみならず、対中国政策の成否にかかわる。つまり「国防自主権」を獲得せねばならない――。そして、交渉決裂も辞さないとの強硬な姿勢が貫かれています。

永田はかねてから、次のように考えていました。アメリカの極東支配は排撃しなければならない。海軍は軍縮条約破棄を契機とする対米戦争の勃発を憂慮しているが、それは杞《き》憂《ゆう》である。条約破棄となった場合、アメリカの対日感情は極度に悪化するとしても、対日戦を決意するには至らないだろう。なぜなら、アメリカは東アジアに死活的利害をもたないからだ。したがって、日米間の問題は軍事的解決には至らず、政治的に解決可能である。また、中国の「排日侮日」の背景には米英による対日圧迫がある、と。

したがって、アメリカ海軍力への対抗は、対米戦の現実的可能性からというより、対中強硬姿勢、すなわち中国の排日「策動」を制圧することを主眼とすべしというわけです。

また、従来、資源確保の対象としていた中国を、ここでは「中国市場」という表現を用いて、その経済力の掌握に言及しているのも注目されます。その中国について、永田らは、排日政策を進める蔣介石らの国民党政権との調整は不可能と判断。それに代わる親日的な政権、言い換えれば日本の資源・市場確保の要請を受容しうる政権の樹立による「日支提携」が考えられていました。

このような対米・対中戦略はその後、武藤章など永田直系の統制派幕僚に受け継がれていきます。

対ソ連関係については、永田は、いつ「自衛上必要な手段」を要する事態が発生するかもしれず、陸軍軍備と航空兵力の充実が喫緊《きつきん》の課題と考えていました。とはいえ、そのような事態は「極力回避すべき」とし、対ソ慎重姿勢を示しています。すなわち、陸軍の軍備拡張は対ソ戦備の観点から積極的に推し進めなくてはならないが、実際は慎重に考えるべきというわけです。

なお皇道派は、かねてから対ソ早期開戦論を主張しており、この点でも、統制派と皇道派は対立していました。

政治介入

陸軍パンフレット『国防の本義と其強化の提唱』は、国防国策強化の一環として国民生活の安定化にも言及しています。具体的には、小作問題などを解決して「農山漁村の匡救《きょうきゅう》」を実施すること、「富の偏在」「貧困」「失業」などが顕在化している経済機構を改変し、「国民大衆の生活安定」を実現することなどを主張しています。

こうした主張などから、青年将校グループは同パンフレットを高く評価していました。そして、同パンフレットによる下士官兵教育を全国的に普及させようと動き始めますが、永田はそのような動きを許容しない姿勢を示します。彼ら独自の横断的な動きをあくまでも否定したのです。なお、皇道派の真崎は、同パンフレットを「国家社会主義」として忌避していました。

同パンフレットの主張は、国内政治体制の問題とも連動していました。平時における「国家の全活力」の「総合統制」の観点から、軍部の積極的な政治介入が必要だと暗に示唆《しさ》しているのです。

このような主張を実現すべく、永田らは陸軍の要請として、根本国策の総合樹立のための機関の創設を岡田内閣に働きかけ、内閣審議会および、その調査・実務組織としての内閣調査局を発足させます。この内閣調査局は統制経済を基調とし、陸軍の国家統制論に共鳴する革新官僚の拠点となっていきました。

永田らが考えていた政治介入方式は、陸軍省内に軍事のみならず国策全般について総合的に検討する機関をつくり、そこで立案された具体的政策を、陸軍大臣を通じて内閣に実現をせまるというものです。陸軍大臣は「政策を通さなければ辞めるぞ」という圧力を内閣にかけることができますから、これは、いわば合法的な恫喝です。内閣審議会や内閣調査局は、その陸軍の政策の受け皿となることが期待されたのです。

皇道派vs.統制派

一九三四年（昭和九年）八月、林銑十郎陸相は定期人事異動で、皇道派の柳川平助陸軍次官・秦真次憲兵司令官・山下奉文軍事課長を更迭し、陸軍次官に橋本虎之助《はしもととらのすけ》を据えます。この人事案は永田鉄山軍務局長を中心に作成されましたが、真崎甚三郎に修正され、永田らからすれば不徹底な結果に終わりました。しかし、柳川と秦は真崎直系の皇道派最重要メンバーであり、皇道派の影響力ダウンは否《いな》めません。

翌一九三五年（昭和一〇年）三月には、林・永田らは皇道派の松浦淳六郎人事局長を転出させ、実務型の今井清《いまいきよし》を後任としています。

統制派は、軍務局長となった永田を核に林陸相を動かすことで真崎ら皇道派に対抗し、陸軍内の権力を確保しようとしていました。林陸相も真崎らと距離をおくため、永田ら統制派に軸足を移します。

当時の陸軍内の派閥をみると、宇垣一成派はすでに中央要職から追放されており、永田らの統制派、真崎らの皇道派が実権をめぐって鎬《しのぎ》を削《けず》っていました。どちらにも属さない実務型の幕僚も多くいましたが、彼らは横断的な集団を構成しておらず、個々のポストの権限を行使しうるのみで、どちらかの派閥と一時的であれ連携しない限り、政治的な発言力をもちえませんでした。

そうした派閥抗争のなか、林陸相は人事案をたびたび真崎教育総監に修正され、自らの人事構想を十分に実現できないことから、八月の定期異動で皇道派を要職から全面的に排除すべく、真崎の罷免を決意します。その背後には、永田の強硬な意見がありました。

永田の意見は、真崎教育総監の更迭もしくは予備役編入をおこなうとともに、秦真次第二師団長と香椎浩平第六師団長の予備役編入、さらに山岡重厚陸軍省整備局長・小藤《こふじ》恵《さとし》補任課長・牟田口廉也参謀本部庶務課長・鈴木率道作戦課長の更迭など、皇道派有力者の一掃をはかるものでした。また、土肥原賢二《どいはらけんじ》・磯谷廉介《いそがいれんすけ》・板垣征四郎・渡久雄《わたりひさお》・東条英機ら、永田に近い非皇道派・一夕会メンバーの起用を主張しています。

その頃の林陸相のメモには、次のように記されています。

参考　Nの意見　永田が自発的に差し出したるものなり……
教総［真崎甚三郎教育総監］の更迭、退却
松軍参［松井石根《まついいわね》軍事参議官］の退却
第二第六師［師団長］（秦［真次］、香椎［浩平］）の退却
整備局長の転出（山岡［重厚］）
参庶［牟田口廉也参謀本部庶務課長］、補［小藤恵補任課長］、第二［鈴木率道作戦課長］の潜勢力更迭……。（竹山護夫『昭和陸軍の将校運動と政治抗争』）

七月一〇日、林陸相は永田軍務局長らと取りまとめた将官級人事案を真崎に提示しま

す。具体的には、真崎が教育総監から軍事参議官に、秦第二師団長が予備役編入などですが、真崎はこれを拒否します。

七月一二・一五日、林陸相・閑院宮載仁親王参謀総長・真崎教育総監による三長官会議が開かれ、林陸相は真崎に辞職をせまり、閑院宮も勇退をすすめましたが、真崎は拒否します。そこで、林陸相は真崎更迭の単独上奏をおこない、教育総監を罷免して軍事参議官としました。後任の教育総監には、軍事参議官だった渡辺錠太郎が就任します。渡辺は政治色が薄く、真崎ら皇道派には批判的でした。

七月一七日の軍事参議官会議において、荒木は真崎罷免の不当性を主張、さらに永田を三月事件に関与したとして非難しますが、林陸相は渡辺の援護により、切り抜けています。この渡辺の擁護が、二・二六事件で渡辺が襲撃される一つの要因となっています。

その後、八月一日付定期異動で、秦は予備役編入、小藤・鈴木・土橋勇逸などが更迭されています。土橋の後任として統制派の武藤章が軍事課高級課員に就任しています。のちに武藤は、二・二六事件後の皇道派・宇垣派の追放を含む粛軍《しゆくぐん》人事や、広田弘毅《ひろたこうき》内閣の組閣で重要な役割をはたしています。

永田軍務局長、斬殺さる

皇道派に対する一連の粛清人事のなか、真崎罷免をめぐる各種の怪文書が出回ります。そのなかで、真崎甚三郎の教育総監罷免の黒幕は永田鉄山軍務局長とされていました。これに憤激した隊付将校の相沢三郎《あいざわさぶろう》中佐は一九三五年(昭和一〇年)八月一二日、陸軍省軍務局長室において永田を軍刀で斬殺します。いわゆる相沢事件です。

事件直後の様子を、当時軍務局員だった高嶋辰彦《たかしまたつひこ》は次のように回想しています。

永田軍務局長の血まみれのお姿を、凶変直後の局長室で拝した者は数人にしかすぎない。私もその一人であった。高級課員の武藤章中佐が、ほとんど息の絶えかかった局長を抱きかかえて、自らも血の滴りを浴びていた凄惨な情景が今も眼前に浮かぶ。

(高嶋辰彦「日本史を動かした永田事件」永田鉄山刊行会編『秘録 永田鉄山』)

相沢は、大岸頼好・末松太平ら国家改造派の隊付青年将校と親交があり、また真崎とも個人的なつながりがありました。かねてより永田は、皇道派や国家改造派グループから一連の皇道派圧迫の中心人物とみなされており、相沢もそう考えていました。

永田ら統制派と青年将校たちは、すでに険悪な状態になっていましたが、両者の対立が決定的になったのは、前年（一九三四年）一一月に起きた、いわゆる士官学校事件によってです。これは青年将校グループの中心メンバー村中孝次・磯部浅一らがクーデターを計画しているとして、士官学校生徒とともに逮捕された事件で、統制派の辻政信士官学校中隊長や片倉衷参謀本部員が摘発に主導的な役割をはたしています。

事件後、村中・磯部は停職となりますが、二人は事件は捏造《ねつぞう》だとして、辻と片倉を誣告《ぶこく》罪《ざい》で告訴。翌年七月に永田ら統制派を批判する「粛軍に関する意見書」を発表すると、八月に免職となります。これら一連の出来事によって、青年将校の統制派に対する怒りが激しさを増していたところに、彼らにつながる皇道派の真崎が罷免されたため、統制派の中心人物だった永田がねらわれたわけです。

永田刺殺後、林銑十郎陸相は省内不祥事の責任を取って辞任し、派閥色の希薄な川島義《かわしまよし》之《ゆき》が後任の陸相となります。

青年将校たちが二・二六事件を起こしたのは、この事件の翌年（一九三六年）です。彼らはなぜ、この時期にクーデターを起こしたのか。

実は、彼らはあせっていました。というのも、彼らの主要メンバーが所属していた東京の第一師団の満州派遣が決まったからです。これは、彼らを東京から遠ざけようとする永田の意向によるものでした。青年将校たちは満州に行かされたら国家改造の機会が失われると考え、クーデターを急いだわけです。地方にいた大岸・菅波らは、決行は時期尚早と反対しますが、それを止めることはできませんでした。

真崎甚三郎の工作

二・二六事件で首相官邸ほかを占拠した青年将校たちは、軍事参議官・真崎甚三郎の首相就任を要望します。

いっぽう真崎は、永田鉄山の死後さまざまな政治工作をしており、時間をかければ皇道派の形勢挽回は可能と考えていました。永田というトップを失ったため、統制派と皇道派の力関係は均衡化したとみていた。そこに、事件が起きたのです。

そして真崎は、青年将校と一蓮托生《いちれんたくしょう》の関係であると周囲からみなされる恐れがあると考え、実権回復をめざしてただちに動き出します。海軍大将の加藤寛治《かとうひろはる》とともに伏見宮博恭《ふしみのみやひろやす》王海軍軍令部総長に面会して伏見宮を説得、宮を通じて昭和天皇に新内閣樹立を上奏します。この段階では、岡田啓介首相は殺害されたとみられていました。この上奏で伏見宮は、新内閣の首班に平沼騏一郎の名を挙げたようです。

昭和天皇は、これを受け入れませんでした。続いて川島義之陸相からも暫定内閣樹立が上奏されますが、これも真崎の工作によるものでした。しかし、昭和天皇は明確に拒否し、反乱軍を断固鎮圧する姿勢を示します。その後、非公式の軍事参事官会議が開かれ、これを受け、川島は本庄繁《ほんじょうしげる》侍従武官長を動かして再び暫定内閣案を上奏。しかし、昭和天皇はこれも拒否しています。

事件当初、陸軍で鎮圧を主張したのは、武藤章・片倉衷ら統制派幕僚と、一部の部隊将官のみでした。上層部は態度をはっきりさせず、本庄侍従武官長と川島陸相は、青年将校側に傾いていました。

当時参謀本部作戦課長だった石原莞爾の態度も諸説あり、判然としないところがあります。石原は永田が参謀本部に呼び寄せていましたが、東北に赴任していたこともあり、統制派とも皇道派とも距離をおいていました（永田は石原を自己の陣営に加えるつもりだったようです）。

昭和天皇が新内閣や暫定内閣を認めず、断固鎮圧の姿勢を崩さなかったことで、まず参謀本部が鎮圧へと傾き、その後、石原も強硬な武力鎮圧の態度を表明しました。

木戸幸一の暗躍

このように二・二六事件では、昭和天皇の一貫した姿勢が事件鎮圧に導いた大きな要因となっています。なぜ昭和天皇は新内閣の樹立を認めなかったのでしょうか。

当時、岡田首相は暗殺されたとみられており、首相臨時代理の後藤文夫《ごとうふみお》内相が閣僚の辞表を奉呈しています。普通なら、これを受け入れて新内閣樹立を認めざるをえませんし、そうするのが自然です。ところが、昭和天皇は新内閣も暫定内閣も頑《がん》として認めなかった。ここに、二・二六事件の帰趨《きすう》を決めた重要なポイントがあります。

実は、このような昭和天皇の方針には、木戸幸一内大臣秘書長官の意見が大きな影響を与えていました。事件当日の朝、緊迫した宮中で、木戸内大臣秘書長官・湯浅倉《ゆあさくら》平《へい》宮内大臣・広幡忠隆《ひろはたただたか》侍従次長の三人が対策を協議しました。本来なら内大臣・

本庄繁（1876〜1945年）

木戸幸一（1889〜1977年）

宮内大臣・侍従長の三人で協議しますが、事件により斎藤内大臣は死亡し、鈴木貫太郎侍従長は重体だったため、木戸と広幡が代理を務めたのです。

協議の結果、事態収拾の基本方針として、全力で反乱軍の鎮定に集中し後継内閣・暫定内閣は絶対に認めない、となりました。これを湯浅宮内大臣が昭和天皇に上奏します。この間、主導的な役割をはたしたのが木戸です。ちなみに天皇に公的に助言することを「輔弼《ほひつ》」といいますが、この時におこなわれた上奏は正式の輔弼行為です。木戸は次のように回想しています。

私［木戸］は、二六日朝、湯浅宮内大臣、広幡侍従次長と最初に善後処置について会合したる際に、「この際最も大事なことは全力を反乱軍の鎮圧に集中することである。内閣は責任を感じて辞職を願い出きたると思われるが、もしこれを容《い》れて後継内閣の組織に着手することとなれば……実質的には反乱軍の成功に帰することとなると思う。であるから、この際は陛下より反乱軍を速《すみやか》に鎮定せよとの御諚《ごじょう》を下されて、これ一本で事態を収拾すべきであり、時局収拾のための暫定内閣という構想にはは絶対に御同意なきように願いたい」と意見を開陳した。両氏もこれにはまったく同感で、宮内大臣より陛下に言上した。（木戸幸一「日記に関する覚書」木戸日記研究会編『木戸幸一関係文書』）

新内閣や暫定内閣を認めれば、実質的に反乱軍の成功に帰する。したがって、そうせずに鎮圧を優先すべきだというのです。

この意見具申を受け、昭和天皇は新内閣・暫定内閣の上申を拒否する姿勢を堅持し、現内閣の総辞職を認めず、鎮圧を命じています。この明確な姿勢は、昭和天皇個人の意思・感情（側近を殺害された怒り）と、木戸らの具申が一致したからこそ生まれたものであり、確固とした国家意思になったと思われます。

昭和天皇は、基本的に輔弼責任者の助言を尊重し、自らの意思を述べることはありませんでした。しかし、その慣例を破って自らの意思を表明したのは、この時と終戦の聖断の二回だったと、のちに昭和天皇自身が語っています。

では、なぜ木戸は衝撃的な突発事件にもかかわらず、このような明確な方針をもって対処することができたのでしょうか。

これには、永田鉄山が関係しています。木戸は永田鉄山に好感をもち、ときどき会っていたことが、木戸の回想録に記されています。たとえば、二・二六事件の四年前となる一九三二年（昭和七年）三月、木戸は永田に会い、前年に起きた十月事件についての話を聞いています。

十月事件とは陸軍の秘密結社・桜会《さくらかい》の橋本欣五郎《はしもときんごろう》らがクーデターによる軍事政権樹立を企《くわだ》て、未遂に終わった事件です。そのクーデター計画について永田は、陸軍省・参謀本部・警視庁を占拠のうえ、昭和天皇に強要して自分たちの望む内閣をつくろうとしたものだと、木戸に語っています。木戸は二・二六事件が起きた時、「まさにそれじゃないか」と思ったというのです。つまり、永田の話が木戸にヒントを与えた。これがなければ、二・二六事件は別の経過をたどっていた可能性があります。ちなみに木戸自身、自分は統制派に近かったと語っています。

陸軍の変質

二・二六事件は、宮中重臣・閣僚・陸軍三長官の一人が殺害されるなど、それ自体が大きな政治的事件でしたが、これ以降、陸軍のありようが大きく変化しました。

まず陸軍の政治的発言力が急速に増大するとともに、陸軍内の勢力図に決定的な変動をもたらしました。青年将校の国家改造運動は壊滅し、彼らとつながりのあった真崎甚三郎・荒木貞夫・小畑敏四郎ら皇道派の中心人物が予備役に編入、事実上陸軍から追放されました。また、それと抱き合わせのかたちで、南次郎・阿部信行・建川美次ら宇垣派将官も予備役となります。つまり、政治色のある有力な上級将官がいなくなったのです。

二・二六事件後に成立した広田弘毅内閣時の陸軍三長官は、寺内寿一《てらうちひさいち》陸相・閑院宮載仁親王参謀総長・杉山元教育総監という、いずれも政治色が薄く、中堅幕僚層の意向が強く反映される布陣となります。

そして、陸軍中央で強い影響力をもつようになったのが、陸軍省では武藤章軍事課高級課員、参謀本部では石原莞爾作戦課長でした。いずれも、永田が軍務局長在任中に呼び寄せた人物です。なお偶然ながら、石原は永田暗殺の当日に着任しています。

武藤章（1892〜1948年）

武藤は永田直系の統制派中核メンバーで、二・二六事件直後、配下の軍事課員を動かし、川島陸相はじめ、南・林・真崎・荒木ら古参の軍事参議官に辞職をせまっています。また、寺内を陸相に推す動きにも、石原らとともに加わり、広田内閣成立の際には、陸相候補の寺内とともに組閣に介入するなど、陸軍省において重要な役割をはたしています。

武藤の上司にあたる磯谷廉介軍務局長・町尻量基《まちじりかずもと》軍事課長は、いずれも非皇道派系の一夕会員であり、武藤らの動きを容認しています。二人は統制派メンバーではないものの、統制派に近い立ち位置にありました。なお、永田の腹心である東条英機は当時、関東憲兵隊司令官として満州にいました。

石原も統制派メンバーではありませんが、非皇道派系一夕会員であり、二・二六事件以後、作戦課長として事実上参謀本部をリードする存在となります。彼は満州事変の主導者として陸軍内で声望が高く、かなりの影響力をもっていました。ちなみに、西尾寿造《にしおとしぞう》参謀次長・桑木崇明《くわきたかあきら》作戦部長ともに政治色が薄く、参謀本部で石原の発言力が突出することになります。

このように陸軍省では武藤が、参謀本部では石原が、それぞれ中核的存在として陸軍をリードしていくことになります。

一九三六年（昭和一一年）五月、広田内閣下で陸軍大臣現役武官制が復活します。大正初期、第一次山本権兵衛《やまもとごんべえ》内閣において現役規定が削除され、その任官資格は予備役・後備役に拡大されていましたが、再び現役武官に限定されることになったのです。これは、武藤ら陸軍省軍事課の起案によるものです。

これにより、組閣にあたり事実上軍部（陸軍・海軍）の同意が必要となるため、軍部は意に沿わない組閣を阻止できるようになりました。この影響はすぐに、後述する宇垣一成の大命拝辞、すなわち宇垣内閣の流産となって表れることとなります。

その後、武藤は種々の政治工作の責任を取るかたちで関東軍参謀として満州に転出したため、石原が一時、陸軍中央において主導的役割をはたすようになります。

事件が昭和史に与えた影響

二・二六事件が昭和史に与えた影響について考えてみましょう。

事件後、前述のように、陸軍中央から皇道派が一掃され、これにより陸軍首脳部が「統制派（プラス石原莞爾）」に一本化されました。その後の陸軍の歩みをみるうえで、これが一番目の重要ポイントです。というのは、陸軍を主導する理念とグループが一つになったからです。その一本化されたグループの推進力を強力にバックアップしたのが、陸軍大臣現役武官制の復活です。これによって陸軍は政府を意のままに動かしやすくなりました。

これが、二番目の重要ポイントです。

統制派が影響力を拡大させたのは、陸軍内と政府に対してだけではありません。宮中においても影響力をおよぼすようになりました。そのキーマンが木戸です。

木戸は二・二六事件の際、昭和天皇が新内閣・暫定内閣を拒否して反乱軍鎮圧を表明するのに主導的な役割をはたしましたが、これによって、昭和天皇の木戸に対する信頼が高まり、同時に宮中において木戸の存在感が一気に増すことになったのです。のちに木戸は内大臣になりますが、内大臣は天皇の最側近であり、輔弼責任者です。その内大臣になる下地が、二・二六事件後の意見具申によってできたわけです。

重要なのは、昭和天皇への具申のエッセンスが統制派の永田から得たものだったと木戸自身が考えていることです。つまり、木戸のなかに、統制派に対する信頼感があったわけです。

これは第五章で述べますが、一九四〇年（昭和一五年）七月、木戸が内大臣の時に陸軍中央、すなわち統制派は国策案「時局処理要綱」を策定しています。これにより日本は軍需資源を求めて南方進出を決め、そのことが太平洋戦争を勃発させる引き金になるのですが、軍部から出される案は、天皇が裁可しないと国策として決定しません。その時に統制派に信頼を寄せる木戸が内大臣であったことは、日本の歩みを決定づけるうえで非常に重要な意味をもちます。

二・二六事件という近代日本最大のクーデター事件は、事件が起きたこと自体が軍部の暴走を加速させる、大きなファクターとなりました。軍の一部が蜂起し、一五〇〇人近い兵士が実際に動き、政府要人が殺害された事実は、政治家たちに底知れぬ恐怖を植えつけたのです。その恐怖は、次は自分に銃口が向けられるかもしれないという個人的恐怖よりも、国家体制が揺らぐ恐怖です。クーデターによって制御不能となった社会は混乱をきわめ、多くの犠牲者を生むかもしれない。日本という国家の屋台骨が軍の蜂起によって揺らぐ。そのことを現実の出来事として、政治家に突きつけたのです。

その衝撃が大きいほど、軍部は政府に対して優位に立つことができます。五・一五事件後に政党政治が終焉しますが、その背後に陸軍（一夕会）の圧力があったことは前述した通りです。一夕会のリーダーたちは、首相選定のキーマンである西園寺公望の三人の側近にねらいを定めて会ったと思われ、「政党政治を続けたら、第二・第三の事件が起きる」と脅《おど》しています。二・二六事件後は、そうした脅し文句すら不要になりました。

しかし実際は、二・二六事件を起こした青年将校たちは捕えられ、その多くが死刑となっています。つまり、国家改造運動が壊滅し、クーデターの可能性は低くなった。にもかかわらず、第二・第三の事件が起きるのではないか、という恐怖が政界を支配した。陸軍中央のリーダーたちが「若い連中を抑えきれないかもしれませんよ」と脅し文句を口にせずとも、政界は「二・二六事件の亡霊」におびえるようになったのです。

そのことが統制派率いる昭和陸軍の暴走に拍車をかけることになりました。一九世紀ドイツの歴史学者トライチュケは、次のように述べています。

軍は……国家統治者の意思に無条件に服従すべく定められており、いささかも軍独自の［政治的］意思をもつことは許されない。もし軍が独自の意思をもてば、すべての政治的安定は失われるだろう。およそ議論し党派に分裂する軍ほど、恐るべき害毒は考えられない。(Heinrich Von Treitschke, *Politik: Vorlesungen gehalten an der Universität zu Berlin.*)

昭和史は以降、この言葉通りに進んでいくことになります。

1937年、天津《てんしん》で中国軍と対峙する日本軍

第四章

盧溝橋事件

——日中戦争は太平洋戦争の引き金ではない

華北分離工作を急いだ理由

日中関係は一九三三年(昭和八年)五月の塘沽《タンクー》停戦協定締結後、しばらく小康状態が続いていましたが、永田鉄山が斬殺される約三カ月前の一九三五年(昭和一〇年)五月、日本軍による華北分離工作が始まります。これは、黄河《こうが》流域より北となる華北地方を日本の勢力圏にしようとするもので、次のように進められました。

まず五月、日本側現地軍(支那駐屯軍)は、天津《てんしん》で起きた親日系新聞社社長暗殺事件などを理由に、中国側に華北北東部から国民政府・国民党諸機関の撤退を要求。続いて六月、日本軍司令官梅津美治郎《うめづよしじろう》と国民政府何応欽《かおうきん》との間で結んだ梅津・何応欽協定などによって、国民政府勢力を華北の河北省《かほくしょう》・察哈爾省《チャハルしょう》より排除。八月六日、陸軍中央から現地軍に「対北支那政策」が通達されます。具体的には、華北五省(河北省・察哈爾省・山東《さんとう》省《しょう》・山西省《さんせいしょう》・綏遠省《すいえんしょう》)を自治化させ、国民政府から切り離すことです。そこには満州国の背後の安定とともに、日本・満州・華北による経済圏を形成し、華北五省の資源と市場の獲得、すなわちその勢力圏化が意図されていました。

この「対北支那政策」は、永田の意向のもと、軍務局軍事課において、武藤章が主務担当となって起案されたものです。その内容は、これまでみてきた永田の構想、すなわち、国家総力戦のための資源と市場の確保の延長線上にあります。同政策の実施により、陸軍中央は中国本土の一部（華北）の勢力圏化に一歩踏み出したことになります。

「対北支那政策」通達から約一週間後に永田は斬殺されますが、その後、日本軍による華北分離工作は本格的に進められます。一一月、河北省東部に親日的な冀東《きとう》防共自治委員会を発足させ、翌月には冀東防共自治政府と改称します。いわゆる冀東政権です。華北の一部に、日本の強い影響下にある独立政権が誕生したのです。

また、一二月には日本側の要求と国民政府との妥協により、日中間の緩衝地帯として河北・察哈爾両省にまたがる冀察《きさつ》政務委員会（委員長宋哲元《そうてつげん》）が発足しました。これは完全な独立政権ではなく、半独立的な性格をもった国民政府の地方委員会です。

梅津美治郎(1882〜1949年)

そして翌一九三六年（昭和一一年）一月、岡田啓介内閣は、華北五省全体の自治化を企図する「第一次北支処理要綱」を閣議決定します。しかし、国民政府の抵抗や中国側有力者の協力が得られなかったことなどから、なかなか進捗しませんでした。

ここで注目したいのは、なぜ永田鉄山ら陸軍中央がこの時期に華北分離工作に着手したかです。

前にも述べたように、永田は、次期世界大戦はドイツをめぐってヨーロッパから起こる可能性が高いとみていました。実際、永田は参謀本部情報部長時代、情報部総合班長だった武藤章を欧州視察に派遣するなど、欧州情勢の変化に気を配っていました。また、国家総力戦のためには満蒙のみならず、華北と華中の資源が必要と考えており、満蒙に続いて華北の勢力圏化が次の課題となっていました。

しかし、国民政府の強い排日姿勢から、安定的な資源確保は不可能と判断。それでも塘沽停戦協定以降、日本が中国本土に対して慎重な姿勢を取っていたのは、国際社会に配慮したからです。

ところが、華北分離工作が始まる直前の一九三五年（昭和一〇年）三月にナチス・ドイツが再軍備宣言をおこないます。これによって、ヨーロッパではベルサイユ条約体制が破綻、緊張が高まりました。これをみた永田ら陸軍中央は、近い将来、勃発するかもしれない大戦の可能性を念頭に、国家総力戦に対応するための資源確保を急いだのです。実際、ナチス・ドイツによって第二次世界大戦の火蓋が切られるのは、この四年後です。

このような欧州情勢の緊迫化は、陸軍中央内部にも変化をもたらしました。国家総動員態勢の構築に向けて、かなり強引なやりかたで真崎ら皇道派を排除するなど、陸軍の内部統制の確立を永田に急がせることになったと思われるからです。それが相沢事件の原因になっています。

こうして中国の資源確保を急ぐ日本と、排日姿勢を強める国民政府との間で緊張が高まるなかで起きたのが、盧溝橋《ろこうきょう》事件です。

事件勃発

一九三七年（昭和一二年）七月七日、北京（当時北平《ほくへい》）西郊の盧溝橋付近で、日中両軍間で小規模な衝突が起こります。七日二二時半頃、日本軍の夜間演習中に、近くの中国側陣地方向から十数発の実弾射撃があり、八日四時二〇分、牟田口廉也支那駐屯軍歩兵第一連隊長は攻撃命令を出し、交戦となります。これによる日本側の戦死は一一人、負傷三六人。中国側は戦死約三〇人、負傷約一〇〇人以上と日本側は推計しています。

三日後の一一日、支那駐屯軍と中国側現地軍との間で停戦協定が成立。これにより事態は沈静化するかにみえましたが、その後一転します。七月二八日、日本軍は華北の中国軍に対して総攻撃を開始し、ここに日中戦争が本格的に始まりました。

その間、陸軍中央では激しい攻防が繰り広げられていました。具体的には、石原莞爾参謀本部作戦部長らの事態不拡大派と、武藤章作戦部作戦課長らの拡大派の対立です。石原と武藤はともに二・二六事件の収束に尽力し、その後の組閣介入や軍部大臣現役武官制の復活でも、たがいに協力して動いた間柄です。それが、なぜ盧溝橋事件をめぐって対立することになったのか、その経緯をみておきましょう。

二・二六事件後、武藤が満州に転出すると、陸軍中央では石原が主導的役割をはたすことになります。石原は統制派ではありませんでしたが、統制派系幕僚は石原を支持していました。なお統制派系とは、狭い意味では統制派の影響を受けた人々をさしますが、広い意味では統制派とその影響を受けた人たちをひとくくりにした総称のことです。ここでは後者です。

武藤転出のしばらく前、参謀本部作戦課長に着任した石原は、極東ソ連軍の増強に強い危機感をもちます。日本の在満州・朝鮮兵力が極東ソ連軍の三割あまりにすぎず、しかも戦車や航空兵力は五分の一程度であることを知ったからです。石原は、ソ連がかつて自国の勢力圏だった北部満州を取り戻すため、武力行使に出ることを危惧したのです。

石原は大幅な軍備拡張と、それを支える工業生産力の拡充を推し進めます。これには当時、陸軍省軍事課高級課員だった武藤も協力しており、二人の歩調は合っていました。一九三六年（昭和一一年）一一月、ソ連の極東攻勢を背後から牽制《けんせい》するため、日本はドイツの協力を求め、石原が中心に動いて日独防共協定が締結されています。

しかし石原は、華北分離工作には消極的でした。相沢事件後しばらくは、石原も華北分離工作方針を継承していましした。しかしその後、それが変化し始め、一九三七年（昭和一二年）一月、石原は華北分離方針を是正し、「北支分治工作」はおこなわない、との方針を打ち出します。さらに、冀東政府・冀察政権の漸次的解消と国民政府への統一も容認する姿勢を示し、華北分離工作を明確に否定したのです。

これに、参謀本部・陸軍省も同意し、同年四月、林銑十郎内閣の四相会議（陸相・海相・外相・蔵相）で、華北分離を企図するような政治工作はおこなわず、日中間の関係改善をはかることが申し合わされます。国策レベルにおいて従来の華北分離が中止されたことを意味しています。

石原莞爾と武藤章の対立

なぜ石原は方向転換したのでしょうか。その理由は二つあります。

第一は、対米英関係への配慮です。このまま華北分離工作を推し進めると、国民政府だけでなく、中国に権益をもつ米英との関係も悪化していく。対ソ戦備のための物資・資材や、実際に対ソ戦となった場合の必要な軍需物資は米英からの輸入に頼らざるをえない。したがって、しばらくは米英との良好な関係が必要であると考えたのです。

第二は、中国のナショナリズムの高まりと国家統一の進展です。中国ではかつてと異なり、国家統一の進展に支えられた民族運動が高揚していました。一連の抗日運動の背景には、それがある。したがって、華北分離を強行するより、むしろその国家統一を積極的に援助し、彼らの民族運動を済南事件以前のように、反英的な方向に向けるべきだと考えたのです。

さらに石原は、ヨーロッパで起こる次期大戦後に日米による「世界最終戦争」が起こると想定。そのためにはヨーロッパでの戦争には介入せず、その間にアジアの指導権を握り、真の世界大戦となる最終戦争に備えるべきだと考えていました（石原莞爾『最終戦争論』）。それゆえ、無理に華北資源の獲得を急ぐ必要はないと判断したわけです。

これに対して、武藤は永田の後継者として華北分離を実現し、華北の資源と市場を確保したうえでソ連の攻勢に備えるスタンスでした。また、ヨーロッパで起こる次期大戦は世界大戦となり、日本も否応《いやおう》なく巻き込まれる。それに対処するには、国家総動員体制を構築するとともに、中国の資源を確保しておかなければならないと考えていました。そして、石原の華北分離工作の中止に強く反発。それは、当初石原を支持していた統制派系幕僚の多くも、同様でした。

このように、華北分離工作をめぐって石原と武藤が意見対立していたところに盧溝橋事件が起こったのです。事件発生時、参謀本部を統括していた今井清参謀次長は病床にあり、参謀総長は皇族の閑院宮載仁親王ですから、作戦部長の石原が参謀本部の実質的な最高責任者でした。事件を知った石原は早速、「事態不拡大、現地解決」の方針を示し、現地の日本軍に拡大防止を指示します。

ところが、石原の部下である武藤作戦課長は、石原とは異なった意見を主張。国民政府は全面戦争を企図している可能性もあり、力をもって対処するほかない。それには現地の兵力を増強し、状況に応じて機を失せず「一撃」を加えるべきだ、というわけです。

陸軍省の実務中枢ポストにあった田中新一《たなかしんいち》軍事課長（統制派系、一夕会員）も、武藤と同様の考えでした。二人は陸軍士官学校の同期（陸軍大学では武藤が三期上）で、親しい間柄にありました。

武藤ら作戦課は、華北の中国軍とその増援に対応するためとして、内地三個師団など現地派兵案を作成。田中も、中国軍を北京・天津地域のみならず河北省全域から排除すべき、との強硬論を主張します。

武藤ら作戦課の派兵案は参謀本部で審議されますが、石原は、今は満州国建設に専念して対ソ軍備を完成すべき時であり、中国に手を出せば、これらが阻害されるから事態を拡大すべきでない、と考えていました。しかし結局、石原は派兵案に同意します。

その理由は――支那駐屯軍の兵力は約六〇〇〇人。対して、中国側現地軍の兵力は約七万五〇〇〇人で、増強されつつあるとの情報もある。現地への派兵は、派兵決定後数週間かかる。不拡大が望ましいが、現地軍と居留民の安全のため、万一の準備として動員は必要――というものでした。

こうして陸軍は、関東軍二個旅団・朝鮮軍一個師団・内地三個師団の華北派遣を決定するのです。

石原が恐れた事態

陸軍の決定を受けて、近衛文麿内閣は、内地三個師団の動員実施については現地の情勢をみて判断するとの留保つきで陸軍案を承認。同時に、今回の事件は「支那側の計画的武力抗日」であり、「重大決意」のもと、派兵を決定したとの政府声明を発表しました。

これらをへて、武藤章ら作戦課は、次のような対処案をまとめています。

中国側最高責任者である宋哲元の謝罪、現地軍指揮官の罷免など、厳しい内容の要求を期限つきで中国側に突きつける。これに対し、中国側から誠意ある回答がなければ、留保されていた内地三個師団をただちに動員して、「膺懲《ようちよう》（懲《こ》らしめる）」する。戦場はなるべく華北に限定するが、状況によっては「対支全面戦争」に移行することもありうる。

これに対し、石原莞爾作戦部長は次の理由で反対します。

戦時動員計画では三〇個師団動員となっているが、現在の軍需工業生産力では十分な量の兵器が調達できないため、実際に動員可能なのは一五個師団程度にすぎない。それでは、中国との全面戦争は不可能である。今回、内地三個師団を派遣すれば、全面戦争となる危険性が高い。今中国と戦争になれば長期にわたる持久戦争となり、「底なし沼」にはまることになり、きわめて危険である。

しかし武藤らは、中国は潜在的な分裂状態にあり、日本が強硬姿勢を貫いて軍事的に一撃を与えて国民政府を屈服させ、華北五省を日本の勢力下に入れる。現在の事態は、それを実現する絶好の機会である、と主張します。

武藤はかねてより、次のように考えていました。国民政府はけっして満州を放棄しない。いずれ満州を取り戻そうとするだろう。実際、米英や国際連盟の力を借りて日本に抗しており、今後も日本に刃向かってくるだろう。だから、日本は日満提携をはかり、その影響力を中国本土におよぼさなければならない。

陸軍中央の幕僚の間では当時、武藤ら「拡大派」に同調する者が多数で、石原らの「不拡大派」は少数でした。不拡大派は石原作戦部長のほか、河辺《かわべ》虎四郎《とらしろう》戦争指導課長（非統制派系）などに限られていました。いっぽう、拡大派は武藤作戦課長と田中新一軍事課長が中核で、何人かの部局長・課長も拡大派に傾いていました。一般の課員レベルでは、河辺の統括する戦争指導課を除けば、拡大派寄りだったようです。

多くの幕僚が、石原の主張する対ソ戦備充実と軍備拡張の推進については評価していたものの、華北分離工作の中止には不満をもっていたのでしょう。

杉山元陸相・梅津美治郎次官ら陸軍省首脳は、武藤作戦課長と連携していた田中軍事課長ら拡大派の働きかけもあって、作戦課案を支持。石原は、武藤らと厳しい議論を交わしますが、ついに交渉期限を設けることに同意し、その期限を一九三七年（昭和一二年）七月一九日とすることが決定しました。石原がこれを呑《の》んだのは、交渉の遷延は現地軍増強の時間稼ぎになると懸念したためです。

現地の宋哲元らは日本側要求を大部分受け入れ、七月一九日に停戦協定が調印されました。同日、石原は杉山陸相を訪れ、梅津次官・田中軍事課長同席の場で、次のように主張します。——このままでは日中の全面戦争となる危険性が大であり、その結果、日本は泥沼にはまることになる。この際、思い切って華北の日本軍全部を一挙に長城《ちょうじょう》(万里の長城)ラインまで下げる。そして近衛文麿首相自ら南京に飛び、蔣介石と膝づめで解決すべきである——。

しかし、杉山陸相・梅津次官はこの主張を受け入れません。石原はその後、同様の意見を近衛首相にも伝えています。近衛は関心を示したものの自らは動かず、石原案は実現しませんでした。

いっぽう、近衛内閣の「重大決意」声明に刺激された国民政府は同日、現地協定は中央政府の承認が必要であり、現状では認められないとして、現地協定の有効性を拒否。両国政府間での外交交渉を要する旨を日本政府に通告するとともに、国際仲裁裁判所への提訴の意向を表明しました。

これを受けて二〇日、参謀本部は武力行使を決意し、近衛内閣も留保されていた内地師団の派遣を承認します。すると、それまで日本側に妥協的だった宋の姿勢が変化し、二五日に北京南東の廊坊《ろうぼう》で、二六日には北京の広安門《こうあんもん》で日中両軍が衝突しました。

ここに至って、ついに石原作戦部長は「膺懲《ようちょう》」せよ、との指示を現地軍に送ります。二六日夜のことです。

二八日朝、支那駐屯軍と満州・朝鮮からの増援部隊からなる日本軍は、華北での総攻撃を開始。翌二九日、日本軍は北京・天津を占領します。まもなく内地三個師団と関連部隊が現地に到着し、動員兵力は約二〇万人に達しました。

一九三七年の世界情勢

ここで、日中戦争に至ったポイントを整理しておきます。当時の中国では、盧溝橋事件のような小規模な衝突は珍しいことではありませんでした。問題は、なぜそれが拡大したかです。

拡大派の武藤章は、永田鉄山の指導のもとで自ら起案した華北分離工作を、石原莞爾が放棄したことに強く反発していました。つまり、日中戦争は、石原の華北分離工作放棄に対する反動であり、揺り戻しとして始まったともいえるのです。背後には、陸軍内の激しい対立があったわけです。

もう一つ重要なのは、ソ連内の混乱です。盧溝橋事件の約一ヵ月前の一九三七年（昭和一二年）六月一二日、ソ連で赤軍最高指導者トハチェフスキー元帥らの処刑が発表されています。その後も、赤軍指導部の粛清が続き、多数の軍首脳が処刑されました。この混乱により、ソ連が介入してくることはないだろうとみたのです。ヨーロッパでも、ドイツ・イタリアを軸に軍事的緊張が高まっており、このような情勢では、米英は東アジアに本格的には介入できないと武藤は考え、対中軍事作戦の好機ととらえたのです。

ここで注意が必要なのは、この段階では武藤・田中新一ら陸軍中央の対中強硬派も、米英などへの考慮から、中国の領土保全を定めた九ヵ国条約を否定するつもりはなかったことです。彼らは、華北の独立国家化や領土化など、あくまでも自治的な独立政権などによる華北分離の実現、すなわち華北の勢力圏化を考えていました。武藤は、一撃は加えるけれども「［国民政府の首都］南京を取ろうということは考えていない」と述べています。

しかし事態は、彼らの思惑通りにはなりませんでした。

戦線の拡大

日本軍の華北での総攻撃開始後、石原莞爾作戦部長ら参謀本部首脳は、戦闘地域と占領地域を制限しようとしますが、現地軍はそれを無視して、戦線は拡大していきます。

戦闘開始から約二週間後の一九三七年（昭和一二年）八月一三日、華中の上海でも日中両軍が衝突します。いわゆる第二次上海事変です。ここでも、石原は拡大に反対し、部隊派遣に消極的でした。しかし武藤章作戦課長は、中国軍に徹底的打撃を与える必要があるとして二個師団の部隊派遣を強く主張し、それを実現させています。

八月一五日、近衛文麿内閣は「支那軍の暴戻《ぼうれい》を膺懲《ようちよう》」し、もって南京政府の反省をうながすため、「断固たる処置をとる」との声明（暴支膺懲論）を発表します。「膺懲」はもともと武藤が使った言葉ですが、一般に知られるようになるのはこの時からです。さらに一七日には、米内光政《よないみつまさ》海相主導により「不拡大方針を放棄する」との閣議決定がなされています。

こうして、事態は全面戦争の様相を呈していきますが、近衛内閣は宣戦布告をおこなわないことを決めていました。これは、主にアメリカの中立法発動を回避するためです。日本は機械類など戦略物資の多くをアメリカからの輸入に頼っており、それらの輸出を中立法は禁じていたからです。

上海の中国軍は頑強に抵抗し、日本軍にも多くの死傷者が出ると、事態打開のため、参謀本部はさらに三個師団の増派を決定します。

この頃、陸軍中央では重要な人事がありました。九月二八日、石原作戦部長が関東軍参謀副長として満州へ転出したのです。自らの不拡大方針が破綻したことに責任を取った措置ですが、以後、石原は中央に戻ることはありませんでした。これにより、統制派の武藤作戦課長と田中新一軍事課長が中央で強い影響力をもつことになります。

ただ、石原が中央を去ったあとも、参謀本部では、不拡大方針が多田駿《ただはやお》参謀次長・河辺虎四郎戦争指導課長などに受け継がれています。ちなみに多田は、かつて満州で石原と近しい関係にあり、参謀次長就任は石原の働きかけによるものです。

米内光政(1880〜1948年)

多田駿(1882〜1948年)

武藤章の失敗

第二次上海事変打開のた

め、武藤章作戦課長は杭州湾《こうしゅうわん》へ上陸して中国軍の背後を突くことを上申します。このために増派三個師団と、さらに華北の北支那方面軍から二個師団を加えて中支那方面軍が編制されました。武藤はこの時、自ら志願して中支那方面軍参謀副長となっています。武藤の後任として、河辺虎四郎が作戦課長についています。

一九三七年（昭和一二年）一一月五日から始まった杭州湾上陸作戦は成功、背後から脅威を受けた上海付近の中国軍は、総退却を始めます。ところが、最重要視していた防御線を突破された国民政府は奥地の重慶《じゅうけい》への遷都を決定し、なお抗戦継続の意志を示します。つまり、作戦は戦術的には成功したものの、戦争意志を挫折させる戦略目標は達成できなかったのです。

その後、武藤ら中支那方面軍首脳は、南京への追撃を主張。陸軍中央では、多田駿参謀次長や河辺作戦課長が反対しますが、武藤ら現地軍や中央の拡大派に押し切られ、南京への進撃が始まります。

一二月一三日、日本軍は南京を占領しますが、内陸進攻の事前準備がほとんどなされていなかったことで、問題が起こります。補給が不十分だったために食料・物資の略奪が多発し、その過程で、抗戦した中国兵のみならず、敗残兵・捕虜・民間人が日本軍によって殺害されたのです。いわゆる、南京事件です。

その後、ドイツの仲介により、トラウトマン駐華大使の和平工作がおこなわれましたが、条件が折り合わず、失敗。膠着《こうちゃく》状態が続くなか、翌一九三八年（昭和一三年）一月には、近衛文麿首相による声明（第一次近衛声明）「帝国政府は爾後《じご》国民政府を対手《たいしゅ》とせず」が発表されます。日本は国民政府とは交渉しない、と首相自ら表明したわけです。

続く三月、陸軍中央では石原莞爾系の河辺作戦課長が更迭され、後任に稲田《いなだ》正純《まさずみ》が就任。稲田は統制派系で、田中新一軍事課長の影響下にあり、作戦課の課員にも若い統制派メンバー荒尾《あらお》興功《おきかつ》・島村《しまむら》矩康《のりやす》が送り込まれています。陸軍中央は、拡大路線の統制派および、その影響を受けた統制派系にほぼ一本化されたのです。

稲田正純（1896〜1986年）

そして稲田作戦課長のもと、日本軍は中国の主要都市の占領に乗り出します。華中では北部の要衝である徐州《じょしゅう》と、揚子江《ようすこう》（長江《ちょうこう》）中流域の主要都市漢口《かんこう》。華南では援蔣《えんしょう》ルートの一つである香港《ホンコン》ルートの切断をねらって広州《こうしゅう》を占領しています。
国内では国家総動員法・電力管理法などが制定され、国民生活にも戦火が影を落とし始めますが、いっこうに戦争終結の糸口はみえてきません。重慶に拠点を移した国民政府の抗戦意志は固く、軍事力で国民政府を屈服させる見通しはなくなりました。

日本側が当初意図していた早期解決はもはや望めず、一二月六日、陸軍中央はついに長期持久方針を決定。これにより、占領地の拡大はおこなわず、現占領地の治安維持に主眼をおき、残存抗日勢力の取り締まりに傾注することになります。

なぜ長期化したのか

日中戦争が長期化・泥沼化した要因については、さまざまな理由が考えられますが、戦線が拡大したのは、陸軍中央が拡大派と不拡大派に分裂していたからです。そのため、統一した戦争指導が困難となり、現地軍の判断が優位となったのです。

実は日中戦争において、日本軍は中国軍の主力を叩くことができませんでした。その理由は、中国軍の退避作戦にあります。中国軍は日本軍とは小当たりするだけで、主力部隊はダメージを受けないよう、常に分散して退却します。当然、日本軍は逃げる敵を追撃しますから、戦線は拡大していきます。また、日本軍は多くの都市を占領しましたが、そのことで、さらに兵数が必要となります。こうして、戦争は長期化していったのです。

中国側はそうなることを意図して退避作戦を続けたと思われますが、日本軍はそれにはまってしまったわけです。

なお、陸軍中央は不拡大方針だった石原莞爾が武藤章らとの抗争に敗れると、拡大方針を強めましたが、海軍も途中から拡大路線に舵《かじ》を切っています。海軍は当初、華北での紛争拡大には慎重な姿勢を取っていました。それが上海で戦闘が開始されると、積極的になり、米内海相が南京進攻を主張するまでになっています。

そのきっかけは、上海の居留民保護を海軍が担当したことでした。当時、上海には数万人の邦人がいましたが、その規模であれば、本国へ引き揚げさせる選択肢もありました。しかし海軍は、より強気な現地保護を敢行しています。

そうしたのは、おそらく陸軍との軍事バランスを考えてのことと思われます。海軍は陸軍との軍事バランスを保つことで、政治的発言力と組織的利益を高めることができるからです。実際、この時から海軍は陸軍に追随するかたちで政治的発言力を強めています。

ですから、日中戦争を拡大させたのは陸軍だけではなく、不拡大方針から拡大に転じた海軍も同様です。

中国の奇策

日本軍が「一撃」を食らわせれば中国は屈服するとした武藤章の目論見《もくろみ》は、結果として外れたわけですが、武藤が本当にそう考えていたかは疑問です。というのも、武藤は「全面戦争も辞さず」とも述べており、当初から全面戦争になる可能性を排除していないからです。そもそも、潜在的に分裂状態にある中国が一撃で屈服するというのは、当時の陸軍中央の一般的認識であり、武藤は「一撃」を一種の合言葉として使ったと思われます。

実は永田鉄山も生前、日中戦争の長期化を危惧していました。永田は、中国は現時点では弱いが、戦争が長期化すれば資源が豊富であり、また他国からの支援も受けて反攻に転じ、日本は苦戦させられる可能性があると述べていました。ですから、永田直系の武藤も長期戦になることを警戒していたはずです。

しかし、そんな武藤もおそらく予想していなかったのが、国民政府の重慶への遷都と徹底抗戦です。通常、戦争は敵の首都を落とせば勝ちです。しかも、日中戦争の目的は、中国全土を領土化することではなく、次期世界大戦に必要な資源を確保することです。だから武藤は、首都を陥落させて降伏をせまろうとした。ところが、国民政府は南京陥落後には首都を奥地の重慶に移し、頑強な抵抗を続けます。これは、武藤の判断や読みに問題があったというより、中国側が常識を超えることをおこなったとみるべきです。

なお、遷都という「奇策」は、中国が中央集権体制になっていなかったからこそできたことだといえます。非中央集権体制の身軽さが、遷都を容易にしたのです

中国が遷都してまで戦争を継続できた＝長期戦を可能にしたのには、二つの要因があります。

一つ目は、ソ連からの支援です。重慶は新疆《しんきょう》からのソ連側援蔣ルートに近い位置にあり、ソ連から武器・軍需物資の援助や借款《しゃっかん》供与、軍事顧問団の派遣などの支援を受けることができました。

中国がソ連の支援を受けられたのは、一九三七年（昭和一二年）に中国国民党（蔣介石）と中国共産党（毛沢東《もうたくとう》）が結んだ「国共合作《こっきょうがっさく》」のおかげですが、ソ連にもメリットがありました。日中戦争が続く限り、日本が北方進出をうかがう可能性は低くなる。つまり、日本に北方へ進出させないために中国を支援したわけです。

当時、ソ連は日本軍の動きを強く警戒していました。ソ連は満州事変が起きると、すぐに日本に不可侵条約の締結を申し入れています。しかし当時、陸軍の主導権を握っていた皇道派は対ソ早期開戦論であり、これを拒否。すると、ソ連は極東の軍備増強に乗り出し

ます。ソ連にすれば、自国権益だった北満を日本に取られたうえに、不可侵条約も蹴られた。日本は必ずや北進するだろうと考えたのでしょう。日本の動きを警戒していたソ連には、日中戦争の長期化は極東の防衛上、大きなメリットがあったわけです。

中国の長期戦を可能にした二つ目は、ナショナリズムの高揚です。

中国では国家統一への機運にともない、ナショナリズムが盛り上がりつつあったところに、満州事変を起こした日本軍が華北・華中へと進出したため、排日行動が高まります。石原莞爾は華北分離に反対し、中国の国家統一を援助してナショナリズムをかつてのように反英に向かわせるべきだと主張しましたが、結果は反日感情を高めることになりました。

また、陸軍中央は盧溝橋事件の際、中国は潜在的に分裂しているから「一撃」によって屈服させられると考えましたが、皮肉なことに、日本軍の一撃が中国のナショナリズムをさらに高めて結束を固めることとなったのです。

アメリカが政策転換した理由

日本軍が漢口・広州を占領してしばらくたった一九三九年（昭和一四年）年早々、日中戦争に新展開が生まれます。アメリカとイギリスによる本格的な中国支援です。

アメリカ政府は四〇〇〇万ドルの対中借款を決定、イギリス政府も一〇〇〇万ポンドの中国通貨安定基金を設定して五〇〇万ポンド（二三〇〇万ドル）の政府保証を実施しました。その後も、アメリカは二五〇〇万ドルの借款を中国に供与し、イギリスも一〇〇〇万ポンド（四六〇〇万ドル）の対中借款供与をおこなっています（当時の為替相場で一ドルは約三円、現在の九〇〇〇円前後）。

それまでアメリカは、ルーズベルト大統領の演説などで、中国における日本の行動をたびたび非難していましたが、対日制裁や中国支援は控えていました。当時、アメリカの対日輸出額は対中輸出額の七倍近くあり、アメリカとしてはむしろ日米和平を望んでいました。また、イギリスもドイツの再軍備など緊迫する欧州情勢への対応に忙殺されており、中国での権益を維持するため、日本に妥協的態度を取らざるをえませんでした。

近衛文麿（1891〜1945年）

そうしたアメリカ・イギリスが中国支援に踏み切ったのは、日本の対中国政策に大きな変化があったからです。

一九三八年（昭和一三年）一一月、近衛文麿首相は声明（第二次近衛声明・「東亜新秩序」声明）を発表します。日中戦争の目的は日中提携による「東亜新秩序」の建設であるとした同声明は、国際社会に対して日本の基本的スタンスの変更を示すもので、重要な意味をもっていました。

それまで日本は、日中戦争は中国側の排日行為に対する自衛行動であると主張していました。これは、従来の東アジアの国際秩序、すなわち中国の領土保全・門戸開放を定めた九カ国条約などを軸とするワシントン体制を否定するものではありません。

しかし、東亜新秩序における日中提携の内容は具体的に示されませんでした。そして、翌一二月の近衛声明（第三次近衛声明）において「善隣友好」「共同防共」「経済提携」が基本理念として掲げられます。具体的には、中国の特定地域に日本の駐兵を認めること、華北および内蒙古において日本に資源開発上の便宜を積極的に付与すること、などを中国側に要求するものでした。つまり、ワシントン体制を真っ向から否定しています。

東亜新秩序でもう一つ注目されるのは、日中戦争をこうした新秩序建設のための「聖戦」と位置づけたことです。それまでも、日本は中国との戦争は聖戦であると主張していましたが、その目的ははっきりしませんでした。排日行動が目に余るから懲らしめる。これでは聖戦の大義としては弱いため、新秩序を建設するための神聖な戦争として強く打ち出したわけです。

では、近衛内閣の「東亜新秩序」声明はどのようにして生まれたのでしょうか。

第三次近衛声明は、一九三八年（昭和一三年）一一月三〇日の御前会議決定「日支新関係調整方針」にもとづくもので、その原案は陸軍参謀本部作戦課が起案しています。つまり陸軍で提起され、陸海軍・政府間で調整、合意をへて、近衛首相が表明したのです。

「日支新関係調整方針」には、華北・内蒙古に日本軍の駐兵を認めること、その駐兵地域の鉄道・航空・通信・主要港湾水路の監督権などは日本側がもつこと、華北・内蒙古の資源について日本側に特別の便宜を供与することが盛り込まれ、これらを日中提携のためとして中国側に要求しています。

そのほか、新中国の政治形態は、現行の国民政府のような中央集権的なものではなく、自治政権の連合体とし、その他の地域でも特定の資源については日本に必要な便宜を供与し、そのうえで事変中の日本側の損害賠償を要求しています。さらに、日中提携により第三国の中国における経済活動や権益が制限されることは当然だとしています。

これらの内容は、従来のワシントン体制における中国の主権尊重・機会均等の原則に明らかに反し、それまでの欧米列国の既得権益尊重の原則を修正するものです。これに中国側は大きく反発し、米英は中国支援に乗り出したわけです。

日本はこのあと、実際に揚子江の自由航行権の制限や華中占領地での内河《ないが》航行権（中国内地河川航行権）の日本独占など、ワシントン体制に反するような政策を実施するのです。

フリーハンド論

「東亜新秩序」声明の「新秩序」という言葉は、陸軍ではなく近衛内閣が使ったもので、ナチス・ドイツのスローガン「ヨーロッパ新秩序」にならったものと思われます。首相の近衛文麿はベルサイユ体制の打破を掲げたこのスローガンに、ワシントン体制を見直す「東亜新秩序」を重ねたのでしょう。

日本とドイツは一九三六年（昭和一一年）一一月に日独防共協定を結びましたが、だからといって、それは次期世界大戦でドイツと連携することを意味するものではありませんでした。同様に、ワシントン体制の原則を否定することは、必ずしも米英などと軍事的に敵対することを意図するものでもありませんでした。これは、当時の国際社会における日本の立ち位置を確認するうえで重要な点です。

陸軍をリードしてきた一夕会の主要メンバーは永田鉄山をはじめ、ドイツ駐在経験者であり、ドイツ贔屓《びいき》もあって、ドイツと手を組もうとしたとする見方がありますが、これは正確ではありません。

日本はのちの一九四〇年（昭和一五年）九月、日独伊三国同盟を結びますが、日独防共協定の段階では、次期大戦の提携国については決めていません。日本はドイツにも米英にもつかない、どちらにつくかはその時の情勢をみながら、臨機応変に対処するスタンスでした。平たくいえば、勝ち馬に乗るということです。この「フリーハンド論」は永田が唱えたものです。

このように、日本は日中戦争の先に次期大戦を見据えていました。そう考えると、日中戦争の消化不良のような戦い方も理解できます。たとえば、日中戦争が膠着状態に陥った時、なぜ陸軍は太平洋戦争時のように根こそぎ的な軍事動員によって戦力を大幅に増強し、軍事作戦を強行しなかったのでしょうか。当時の動員数は最盛時でも一〇〇万人に達していませんが、太平洋戦争後半には四〇〇万人を超えています。

その理由は、陸軍の統制派系幕僚にとって、日中戦争は次期大戦に必要な軍需資源や経済権益を確保することが主要な戦略目標であり、全面的な領土支配が目的ではなかったからです。このような中国の位置づけは永田以来、統制派系に受け継がれており、彼らの頭を常に占めていたのは、次期大戦をどうするかということだったのです。

実際、一九三八年（昭和一三年）頃、稲田正純作戦課長ら参謀本部は、次期大戦の勃発を一九四二年（昭和一七年）前後と予想し、日中戦争の早期解決と大戦に向けての戦争準備が国防の二大任務だとの認識を示しています。

ヨーロッパでは一九三八年三月にナチス・ドイツがオーストリアを併合。その後、チェコスロバキアのズデーデン地方の割譲を要求し、英仏との間で戦争の危機がせまります。九月、同危機はミュンヘン会談における英仏の宥和政策でひとまず回避されますが、ヨーロッパでの大戦勃発の可能性は現実のものとなりつつありました。

そのようなヨーロッパ情勢から、陸軍中央は相当な余力を残した状態で日中戦争に対処する必要があると考えていました。次期大戦への対応を考慮して軍事的弾力性と、それを支える人的・物的パワーを温存しておくことは、陸軍として必須のことだったのです。

日中戦争に対する誤解

よく、昭和陸軍は日中戦争の解決が困難となり、その状況を打破するために南方進出し、日米開戦へと進んでいったとの見方がなされます。しかし、これは誤りです。日中戦争も太平洋戦争を招いた要因の一つではありますが、太平洋戦争が始まったのは、日中戦争の行き詰まりとは別の経緯と要因によるものです（詳しくは後述）。

前項で述べたように、陸軍中央にとって日中戦争それ自体が目的ではなく、それは次期大戦に備え、主に中国の軍需資源を確保するためでした。したがって、日中戦争の解決は次期大戦のために急がなくてはならず、日中戦争の延長で太平洋戦争に突入したわけではありません。

また、日米戦争は中国市場の争奪をめぐる戦争だったとの見方もありますが、これも誤りです。一般に、先進国間で国家総力戦になると、犠牲とコストは戦争によって得られる利益をはるかに上回ります。このことは、第一次世界大戦を経験した国が大きな犠牲と消耗を引き換えに学んだことでした。

ですから、アメリカが日本と戦争をしてまで中国市場を欲しがることはありえません。実際、日中戦争の初期、アメリカの中国支援が始まると、蔣介石は資金援助だけでなく軍事介入も望みましたが、ジョンソン駐華大使は応じませんでした。日本もまた、ワシントン体制を否定する「東亜新秩序」声明を出すことで米英を怒らせても、それによって米英が対日戦に踏み切ることはないと考えていました。

とはいえ、日中戦争の長期化は陸軍にとって大きな誤算であり、それが日本に大きな影響を与えました。日本は「フリーハンド論」により、さまざまな選択肢がありましたが、日中戦争の長期化によって、それを狭めてしまいました。また日中戦争の長期化による英米との利害対立の深刻化が、のちの世界大戦時における提携相手の選択に、まったく影響を与えなかったとはいえません。さらに、八五万ほどの兵力が中国に張りついたままになったために、軍事的にも選択肢を狭めています。日中戦争が日本に与えた影響を考える時、この「選択肢の減少」はとても重要です。

陸軍中央の組織は日中戦争によって変化を余儀なくされますが、その最大のものは、拡大路線の統制派系に一本化されたことです。

盧溝橋事件勃発時、陸軍中央で実権を握っていた不拡大派の石原莞爾が武藤章ら拡大派との抗争に敗れると、残っていた不拡大派も追われ、陸軍中央は拡大派で占められることになりました。その結果、組織内の統制力は強まりましたが、組織の単色化が進み、多様性を失った幕僚たちの判断の幅が狭まることになりました。

昭和陸軍が政治的発言力を増していくにあたってはいくつかの節目がありますが、その一つである五・一五事件（昭和七年）の時は、内閣で陸相が意見を述べても受け入れられないケースが少なくありませんでした。軍事についての発言力はあっても、政策や外交に対する発言力はもっていなかったのです。

それが二・二六事件（昭和一一年）後、軍部大臣現役武官制が復活すると、軍部が組閣に露骨に介入できるようになり、政治的発言力が急速に増大します。さらに、日中戦争で陸軍中央が統制派系で一本化されると、陸軍は軍事のみならず国策そのものを動かすような存在になっていきました。

存在感と発言力を増大させた組織の中枢が単一の派閥で一本化され、志向や判断の幅が狭まり、選択肢が少なくなった――。これは、日本にとって大きな不幸でした。

1940年、ベルギーのフランダース地方を進撃するドイツ軍

第五章

「時局処理要綱」の策定

——欧州大戦と武藤章の戦略構想

武藤章の中央復帰

一九三九年（昭和一四年）九月三〇日、北支那方面軍参謀副長として中国戦線に赴任していた武藤章が、陸軍省軍務局長として陸軍中央に復帰します。

すでに、参謀本部は冨永恭次作戦部長（統制派）や稲田正純作戦課長（統制派系）、陸軍省は有末精三《ありすえせいぞう》軍務課長（統制派系）や岩畔豪雄《いわくろひでお》軍事課長（統制派系）と、省部の実務中枢ポストは統制派系によって占められていました。これに武藤軍務局長が加わったことで、統制派系が陸軍中央で圧倒的な影響力をもつこととなります。そもそも、武藤の中央復帰自体、統制派系中央幕僚の働きかけによるものでした。

武藤は自他ともに永田鉄山の後継者と認める存在で、明確な政治・軍事戦略構想をもっていましたから、軍務局長就任により陸軍の基本的な政戦略を、武藤がリードしていくことになりました。

武藤の軍務局長就任直前、欧州情勢が大きく動きます。一九三九年（昭和一四年）八月二三日、独ソ不可侵条約が締結され、敵対していたドイツとソ連が提携。そして九月一日、ドイツがポーランドに侵攻し、第二次世界大戦が勃発するのです。武藤ら陸軍中央は、欧州大戦に対して当面不介入の姿勢でした。武藤は、次のように考えていました。

欧州大戦の勃発により、世界は今や「戦国時代」となり、「弱肉強食の修羅場」と化している。このような国際状況のなか、日本のみ「局外」に立つことは不可能であり、否応《いやおう》なく巻き込まれる。列強諸国は競って「国防国家」の体制をつくりつつある。したがって、日本も一刻も早く国防国家体制を確立しなければならない。国防国家の建設には、軍備の充実、国家総動員体制の確立とともに、資源の自給自足が必要である。だが、東アジア（日本・朝鮮・中国）では、石油・ゴム・ボーキサイト（アルミニウム原料）などの軍需資源が充足しえない。したがって、それらを産出する南方すなわち東南アジアの資源を獲得しなければならない。そのため、東アジアと東南アジアを包摂する自給自足圏、すなわち「大東亜生存圏」の形成が必要である（武藤章「時局の展望と国防国家確立の急務について」『支那』三一号など）。

「国防国家」とは、国家総力戦に向けて物心両面で国家総動員の態勢を備えた国家を指しており、永田の考えを継承したものです。しかし、永田は東南アジアについては言及しておらず、東南アジアを含めた「自給自足圏」の形成は武藤独自のものです。

武藤が東南アジアの資源に目を向けた背景には、武器・兵器の進化にともなう戦闘の変化があります。とりわけ、重要性を増していたのが航空戦力です。航空戦力重視は永田以来、統制派の主張でしたが、その後、ノモンハン事件（一九三九年五～九月）で本格的な航空戦を経験し、欧州戦線でも航空機が投入されるようになっていました。

この航空機の製造に欠かせないボーキサイトなどの物資は中国大陸ではまかなえず、東南アジアから確保する必要にせまられていたわけです。

「時局処理要綱」陸軍案

一九四〇年（昭和一五年）六月中旬、武藤ら軍務局は基本的国策案（「総合国策十年計画」）を策定します。策定には、陸軍と関係の深い民間人なども所属する国策研究会や企画院、各省の革新官僚らも協力しています。その内容は、次のようなものでした。

①最高国策として大東亜協同経済圏を建設し、国力の発展をはかる。
②国策遂行のため陸海軍の軍備を充実する。
③欧州戦争には不介入方針を維持する。
④日中戦争を早期に解決し、両国の経済提携により重要産業を開発する。
⑤内政では、強力なる政治指導力を確立し、全国的国民総動員組織をつくりあげる。そ

れとともに計画経済を推進し、国家統制を強化する。

①の「大東亜協同経済圏」は、武藤のいう大東亜生存圏のことで、のちの「大東亜共栄圏」につながるものです。

この国策案により、陸軍の関心は中国に加え、南方へと向かうこととなります。ただし、南方資源の主要産地であるインドシナ半島、マレー半島、現在のインドネシアなどは当時、フランス・イギリス・オランダの植民地でした。とはいえ、オランダはすでにドイツに占領されており、フランスも降伏（六月二二日）し、イギリスはドイツと交戦中でした。

このようななか、武藤ら陸軍中央は七月三日、「世界情勢の推移に伴う時局処理要綱（以下、「時局処理要綱」）」陸軍案をまとめます。「時局処理要綱」は、その後の日本の歩みを決定づけることとなる重要な指針です。その要点を整理して、みてみましょう。

①南方への武力行使

「好機」を捕捉して「対南方問題」を解決する。状況に応じて「武力」を「行使」するが、その対象を極力「英国のみ」に限定し、英領マレー半島、同シンガポールなどを攻略するとしています。対米戦はできるだけ「避ける」が、アメリカの武力介入には備えるとも付言しています。

ここでいう「好機」とは、ドイツ軍のイギリス本土上陸を想定しています。武藤ら陸軍中央は、この時点でドイツがイギリスを屈服させると判断していたわけです。注目すべきは、英領植民地を主要ターゲットとした南方武力行使が明確に打ち出され、いわゆる「英米可分」の見地に立っていることです。英米可分とは、イギリスを攻撃してもアメリカは中立を守る、少なくとも敵にはならないとの見方です。つまり、大東亜協同経済圏形成に乗り出すことを謳っているのです。

②仏印

仏印（フランス領インドシナ）に対しては、「援蔣行為」を徹底的に「遮断」するとともに、日本軍の補給、部隊通過、飛行場・基地使用を認めさせるとしています。そのための武力行使もありうるとしています。なお、陸軍は仏印を、英領シンガポールや蘭印（オランダ領東インド、現・インドネシア）などへの攻撃基地として位置づけていました。

③蘭印

石油資源のある蘭印については、しばらく「外交的措置」により、資源確保に努めるとしています。前述のように、この時オランダはドイツ軍に占領されていましたが、オランダ政府はイギリスに亡命するかたちで存続していました。したがって、蘭印当局はイギリスと連携して、日本への資源提供に難色を示す可能性がありました。

④ソ連

南方問題解決のため「独伊との政治的結束」を強化し、「対ソ国交の飛躍的調整」をはかるとしています。具体的にはドイツ・イタリアとの軍事同盟、ソ連との不可侵条約などが想定されています。六月中旬策定の「総合国策十年計画」では、ドイツ・イタリアとは従来の友好関係を維持するとの表現にとどまっていたものが軍事同盟に、同じくソ連との不可侵条約論は抑制するとしていたものが条約締結を念頭におくようになっています。

武藤ら陸軍中央は、六月中旬の時点では欧州戦争不介入方針を前提に、欧州とは距離をおき、英仏と独伊の間で「フリーハンド」を維持しようとしていました。それが一ヵ月後には、独伊にコミットし、対ソ関係の積極的安定化をはかろうとしています。これは、明らかに英領植民地および蘭印への攻撃を前提とした「南進」の布石です。

さらに、ドイツのイギリス本土上陸により、武藤らは、大英帝国は崩壊するだろうと予測しています。大英帝国の崩壊を好機として、南方の英領植民地さらには蘭印を一挙に包摂し、自給自足的な大東亜協同経済圏（大東亜生存圏）の建設に踏み出す。そのために、イギリス本土を攻略するドイツと密接な関係を結んで相互了解を得るとともに、北方対ソ関係の安定を確保しようとしていたのです。そして、日中戦争の解決もこのような戦略方向のなかに位置づけられています。

繰り返しますが、こうした内容をもつ「時局処理要綱」は、当時の陸軍中央の包括的な戦略方針を示すものとしてきわめて重要です。

ドイツの勝利を疑わず

なぜ武藤ら陸軍は、欧州戦争不介入のフリーハンドから独伊と結ぶことに変えたのでしょうか。

日本も早晩、世界大戦に巻き込まれることが避けられないとしたら、生き残るために列強のいずれかと提携関係を結ばなくてはなりません。というのは、日本の地理的宿命、すなわち極東の島国であることから、当時の軍事技術では欧米列国の首都を攻撃することは容易ではなく、したがって日本は攻撃主力になりえないからです。

そこで、武藤ら陸軍中央は欧州情勢をみて、ドイツ軍がイギリス本土上陸をはたし、イギリスを屈服させるだろうと判断しました。

イギリスが窮地に立つとアメリカが支援に乗り出すことが考えられますが、陸軍はその可能性は少ない＝英米可分と読んでいました。第一次世界大戦に介入して数十万人の犠牲者を出したアメリカは当時、世論の八割がドイツとの戦争に反対であり、戦争準備にも遅れていたからです。

大島浩（1886〜1975年）

片や、高い軍事技術を誇るドイツは、欧州制覇にせまる勢いです。確度の高い情報で信頼のあった大島《おおしま》浩《ひろし》駐独大使や大使館付武官からも、ドイツ軍のイギリス本土上陸ありとの情報が伝えられていました。

一九四〇年（昭和一五年）七月一六日、ナチス・ドイツ総統ヒトラーは八月中旬までにイギリス本土上陸作戦の準備を完了せよとの命令を出し、対英航空攻撃が始まります。イギリス本土上空で独英の空軍が激突し、激しい航空戦が展開されました。しかし、ドイツ海軍は、制海権の確保がむずかしいとして、上陸作戦に消極的でした。ヒトラーは制空権を掌握すれば制海権も確保できるとしていましたが、結局、ドイツ軍は制空権を握れず、イギリス本土上陸作戦の延期を決定します。

日本にすればあてが外れたわけですが、問題はなぜ情勢判断を誤ったかです。

実は、陸軍内の情報関係部署では、ドイツ軍のイギリス本土上陸作戦はむずかしいとする情報をつかんでいました。たとえば、参謀本部情報部欧米課ドイツ班長は、駐日ドイツ海軍武官から上陸作戦は不可能との情報を入手しています。それらを含め、土橋勇逸情報部長は、上陸作戦は当分できないと判断しています。

これらの情報が生かされなかった背景には、陸軍内の統制派系支配による問題がありました。たとえば土橋情報部長は佐賀出身の皇道派であり、それゆえ、その情報は上層部に軽視されたと思われます。二・二六事件以降、統制派系の支配によって組織の単色化が進んだ結果、陸軍中央では情報と判断の狭隘化《きょうあいか》に陥っていたのです。

統制派系支配による問題として、統制派以外の有能な人材が登用されなくなり、人事に公正を欠いたことも挙げられます。

たとえば、多くの犠牲者を出したノモンハン事件のあと、当時の参謀長や軍司令官は予備役に編入されますが、戦闘拡大を主張した統制派の服部卓四郎（関東軍作戦主任参謀）や辻政信（同作戦参謀）はいったん左遷されますが、のちに陸軍中央に戻っています。同じく統制派の冨永恭次は一九四〇年（昭和一五年）九月の北部仏印進駐の際、強引な指揮によって武力衝突を起こす混乱を招きました。これにより更迭されますが、その後、陸軍省人事局長に返り咲いています。これらをみても、統制派に支配された陸軍中央が歪《ゆが》んだ組織になっていたことがわかります。

服部卓四郎（1901〜1960年）

辻政信（1902〜1961?年）

日本が得ていたドイツ情報は、ヒトラー周辺からもたらされるものを主としていました。これは、日本がナチス・ドイツの上層部との接触を重視していたためで、逆にいえば、それ以外はほとんど抜け落ちていました。ドイツ海軍が制海権確保はむずかしいと判断しているとの情報をつかめなかったのは、そのためです。

また、重光葵《しげるみつまもる》駐英大使は、イギリスは簡単にドイツに負けないから慎重な判断を要すると伝えていたにもかかわらず、陸軍はこれを軽視、もしくは無視していました。

このように、日本とドイツは近しい関係にあり、それゆえに、客観的な情報分析ができない状況に陥っていたのです。ただ、ドイツがイギリスに勝つとした陸軍の判断はまったく稚拙《ちせつ》だったとまではいえません。なぜなら、アメリカ軍もこの時、日本陸軍と同様の判断をしているからです。

アメリカ軍は当初、ドイツの勢いからイギリスが敗北する可能性が高いとみて、自国本土をどのように守るかという作戦計画を立てていました。ところが、思いのほかイギリスが善戦したため、イギリス支援に方向転換しています。ここには、ルーズベルト大統領の意向もあります。ルーズベルトは、最初から盟友イギリスを見捨てない方針だったのです。

英米可分か、不可分か

南方への進出をうかがう日本にとって、アメリカは大いに警戒すべき相手です。しかし前述のように、「時局処理要綱」では英米可分として、武力行使の対象をイギリスのみとしています。なぜ、武藤ら陸軍中央は英米可分と判断したのでしょうか。

一九三九年（昭和一四年）六月、親日派要人（中国人）の暗殺事件にからんで天津の英仏租界に潜伏する犯人の引渡しと抗日分子の一掃を要求した日本軍に対して、イギリスが拒否したことから、日本は租界封鎖に乗り出します。いわゆる天津事件です。これを受けて日英で封鎖解除に向けた交渉が始まり、日本側がイギリスに大幅譲歩を認めさせようとしていた矢先、この問題とは無関係のアメリカが突然、日米通商条約を破棄しました。

この時、イギリスとの交渉に当たったのが当時中国に赴任していた武藤です。ですから、武藤ら陸軍中央は英米両国の関係を知っていたはずです。それなのに、南方進出については英米可分と判断した。

それは――ドイツ軍の本土上陸によってイギリスが崩壊すれば、アメリカは戦争準備態勢の未整備と孤立主義的な国内世論のなか、南方への軍事介入の機会を失う。イギリス崩壊後、イギリスの植民地のために、日本との戦争を賭してまで軍事介入してくる可能性は少ない――と考えたか

重光葵（1887〜1957年）

らです。

武藤は、対米戦は避けるべきとの姿勢でした。当時、日米の国力差は一二倍と推計されており、武藤ら陸軍主流の統制派は、対米戦争は国家総力戦となり国力が勝敗を分けることを十分理解していました。それゆえ、アメリカとの戦争は回避すべきとしていたわけです。

なお、海軍は陸軍と異なり、英米不可分と考えていましたが、イギリスが一気に崩壊すればアメリカは軍事介入できないとみており、そこは陸軍と同じです。

米内内閣倒閣事件

「時局処理要綱」陸軍案の決定後、畑俊六《はたしゅんろく》陸相はそれをもとにした覚書「時局に対する陸軍の所見」を、米内光政首相に提示します。この覚書には、独伊との政治的接近や政治体制の強化などが盛り込まれていました。

しかし米内は、この覚書は内閣の所見とは異なるとして、受け入れを拒否します。特に、ドイツとの接近には否定的でした。米内は、ドイツはイギリスに勝てないと判断していたのです。また、英米不可分と考える米内は、日本海軍は英米連合には太刀打ちできないことを、海相時代に明言しています。

覚書の受け入れを拒否された陸軍は畑陸相を辞任させ、後任の推薦を拒否して、米内内閣を総辞職に追い込みます。これを米内内閣倒閣事件として、詳しくみてみましょう。

一九四〇年（昭和一五年）七月八日、阿南惟幾《あなみこれちか》陸軍次官は、木戸幸一内大臣を訪問し、陸軍の意向を次のように伝えています。――陸軍は世界情勢の急激な変化に対応すべく万全を期しつつある。しかし、米内内閣は独伊との話し合いをなすにはきわめて不便であり、ともすれば手遅れとなる恐れがある。この重大時期に対処するために、内閣の更迭もやむをえずとの決意をし、次の首相には近衛公の出馬を希望する――。

第二章でふれたように、この頃、次期首班候補を決定する重臣会議において、元老西園寺公望は副次的な立場となり、内大臣が主導的役割をはたしていました。だから阿南は、次期首班候補を決めるキーマン木戸に、近衛文麿の出馬を望むことを伝えたのです。

畑俊六（1879～1962年）

同じ頃、石渡荘太郎《いしわたそうたろう》内閣書記官長（現・内閣官房長官）は陸軍から圧力を受けています。石渡によれば、阿南と武藤章軍務局長が来て、「近衛新体制」を実現するために現内閣は「退いてもらいたい」と申し出た。石渡がこれを拒否すると、二人は「それならば結局陸軍大臣を辞せしむるより途《みち》はない」といって立ち去ったそうです。

いっぽう、近衛の周辺では同年三月頃から新党結成の動きが始まり、いわゆる「新体制運動」が活発になっていました。

近衛は、近い将来の大命降下を念頭に、安定した政権運営のため自分を支える政治力の結集を望んでいました。新党を自らの権力基盤にしようと考えたのです。当時の各政党は現状では政権を獲る可能性がほとんどなく、近衛を党首として各党合同し、政権を掌握しうる一大政党をつくろうとしていました。近衛は、元老・重臣・軍部にも受けがよく、政権の座に近い存在とみられていたからです。

陸軍では、武藤が「近衛公の出馬、新党の結成には軍を挙げて賛成にして、自分らはぜひともこれが実現するよう陰ながら支援いたしたき考えなり」と近衛に伝えています。陸軍は、「総合国策十年計画」において、「強固なる政治指導力」として親軍的新党を想定。一党独裁により、陸軍の望む国策を実現させようとしていました。

近衛は、かねて親しい関係にある木戸を内大臣として宮中に入れることを画策、成功していています。自らの首相就任と政権運営上の便宜、特に宮中との円滑化を念頭においていたのです。

木戸の内大臣就任は、陸軍の希望するところでもありました。木戸は陸軍に近いスタンスを取る存在とみられていたからです。西園寺の秘書である原田熊雄は、次のような趣旨の証言を残しています。――木戸が内大臣となり、陸軍は非常に喜んでいる。陸軍の蓮沼《はすぬま》蕃《しげる》侍従武官長はほとんど毎日、内大臣のところに詰め切りの状態である――。

こうして七月一六日、畑陸相が辞表を提出。同日夕方、陸軍から後任の選定は困難との通告を受け、米内内閣は陸相不在となり総辞職します。

翌一七日、木戸は内大臣として宮中で重臣会議を開き、後継首班について協議します。出席者は、元首相の若槻礼次郎・岡田啓介・近衛文麿・広田弘毅・林銑十郎・平沼騏一郎に、原嘉道《はらよしみち》枢密院議長と木戸を加えた八人です。

会議では、全員一致で近衛が首班候補者に決定。その席で木戸は次のように発言しています。――軍首脳部は近衛公の出馬を強く希望している、と聞いている。陸軍の今回の行動（畑陸相の辞任と後任の推薦拒否）も、その根底には「近衛公の蹶起《けっき》」を予定していると理解される。他に適任者があるとも思われず、自分も「奮起」を希望する――。

同日、近衛に組閣の大命が下ります。

陸軍が歓迎した近衛文麿と木戸幸一

ここで、陸軍が近衛文麿の首相就任と木戸幸一の内大臣就任を喜んだ理由について考えてみます。

戦前日本の国家体制は「分立的統治構造」であり、その特徴は内閣と軍の並立（統帥権《とうすいけん》の独立）にありました。内閣と軍が同等の権限をもつことで、両者が並立する統治構造です。したがって、陸軍が、自分たちが立案した政策（陸軍の意思）を、国策（国家意思）として実行に移すには、内閣の同意・協力が不可欠です。ですから、陸軍に融和的な人物が内閣を組織することは、望ましいことでした。その人物が、近衛だったわけです。

近衛は、政策について「先手論」を志向します。近衛は――満州事変以来の日本の方向性は当然たどるべき運命的な道だが、これまでは軍人が主導してきた。しかし軍人が政治をリードすることは危険であり、これからは政治家が軍人の「先手」を打ち、道を切り開かなければならない――と考えていました。

つまり、政策そのものは陸軍案に沿いながらも、それを陸軍にまかせるのではなく、内閣が国策として陸軍よりも先に手を打つことでリードするというわけです。

近衛は、議会政治や英米協調外交に批判的であり、高い国民的人気と現状打破的なパフォーマンスをみせる政治家でした。武藤ら陸軍にすれば、近衛は新党党首としても、首相としても適任者だったのです。

それでは、木戸の内大臣就任を陸軍が歓迎したのはなぜか。

戦前日本の国家体制において、陸軍が志向する政策を国策として実行していくのに、内閣の同意・協力とともに不可欠だったのが、天皇の裁可です。軍部の重要決定事項、内閣の重要決定事項とともに、天皇の裁可を要しました。

そのため、陸軍にとって、天皇を政務面で補佐する内大臣と親和的であることが重要でした。統帥事項については、その補佐は侍従武官長がおこないますが、実際には「時局処理要綱」のように政務事項と統帥事項が混在している場合が少なくありません。したがって事実上、統帥事項の裁可にも内大臣が関与していました。

また、前述のように、内大臣は次期首相の推薦過程で強い発言力をもっており、その点でも、陸軍と親和的な人物である必要がありました。そうした人物として、陸軍が歓迎したのが木戸だったわけです。

木戸は、「軍部善導論」という考えをもっていました。すなわち——政党政治を打倒した陸軍は、自ら定めた国策で国家を主導しようとしている。いっぽう、政党政治家はそれに代わりうる有効な国策をもっていない。つまり、国策をもっているのは陸軍だけであり、その陸軍が国の根幹を害しないよう善導していく必要がある――と考えたのです。

実際、木戸はドイツの仲介でおこなわれた日中和平交渉のトラウトマン工作や日独伊防共協定強化問題で陸軍寄りの発言をしているほか、昭和天皇のリベラルなスタンスには批判的でした。さらに第三章でふれたように、木戸は永田鉄山と何度か会っており、二・二六事件の際には永田の話にヒントを得て、湯浅倉平宮内大臣に意見具申し、その内容がほぼそのまま昭和天皇に上奏されています。そうしたことから、木戸は統制派を信頼していました。

このように、近衛・木戸ともに陸軍に近い人物であり、二人によって内閣と宮中を押さえる。これが陸軍中央のねらいだったのです。

大政翼賛会の発足

陸軍は米内光政内閣末期、「総合国策十年計画」をもとに「総合国策基本要綱」を作成、第二次近衛文麿内閣の組閣直前、近衛に示します。その際、近衛と面会した武藤章軍務局長は、陸軍の国策を実行に移すなら内閣を全面的に支える旨を伝えています。

近衛は武藤の申し出を受け入れ、「基本国策要綱」として閣議決定します。それは、主に三つの柱からなっていました。

①「日満支」を根幹に、東南アジアを含め自給自足的な「大東亜の新秩序」を建設する。
②「国家総力発揮の国防国家体制」を構築し、必要な軍備を充実する。
③そのために「強力なる新政治体制」を確立し、国政の総合的統一をはかる。

注目すべきは、「総合国策十年計画」で「大東亜協同経済圏」とされていたものが、「大東亜の新秩序」となっていることで、のちの「大東亜共栄圏」につながります。

三本柱を掲げて発足した第二次近衛内閣ですが、早々につまずきます。三つ目の「強力なる新政治体制」の中核となる一国一党的な新党構想について、保守系右翼勢力は、天皇の統治権を制約する「幕府的存在」となり、日本の国体《こくたい》と相容《あいい》れないと批判したのです。これに動揺した近衛に、武藤ら陸軍中央は、国民組織の「中核実践体」として強力な新党の創設を執拗《しつよう》に働きかけます。しかし結局、近衛は新党を断念します。

近衛内閣は一九四〇年（昭和一五年）九月二七日、行政を補完する精神運動組織として

「大政翼賛会《たいせいよくさんかい》」の設置を閣議決定し、一〇月一二日に発足します。それは、当初意図された政治団体ではなく、準公共団体的な公事結社となりました。国家総動員体制のために、親軍的な「強力なる新政治体制」を創出しようとした武藤ら陸軍の希望は、実現しなかったのです。

では、なぜ国家総動員体制を構築するのに「強力なる新政治体制」を必要としたのでしょうか。

その理由は、陸軍の政治的限界にあります。国民を総動員するには、上からの強制だけではなく、国民の側からの自発的主体的な参加・協力が必要です。いっぽう、陸軍は軍事面に限定した官僚的組織であり、陸軍だけでは国民の自発性を喚起することはできません。それゆえ、軍の基本政策を実行に移す「強力な党」と、その指導のもと国家総動員のための「国民的な運動組織」が必要と、武藤ら陸軍は考えたのです。これは、ドイツ国防軍にとってのナチス党の位置づけを想起させます。

それに対し、近衛は政治勢力を統合して強力な新党をつくれば、陸軍に対抗しうると考え、その党首たろうとしました。陸軍と近衛では、その目的（本心といっていいかもしれません）が異なっていたのです。

「時局処理要綱」の決定

話をすこし戻しますが、一九四〇年（昭和一五年）七月二二日成立の第二次近衛文麿内閣で陸相に就任したのが、東条英機です。東条は一夕会・統制派メンバーであり、永田鉄山の腹心として知られ、当時の統制派系で最年長で最上級の階級（中将）でした。

陸相就任は三長官会議の推薦によるものですが、その背後には、統制派系幕僚の強い働きかけがありました。つまり、東条の陸相就任は統制派系による陸軍内の権力の安定的確立を意味しています。ただ、東条は長く陸軍中央を離れていたこともあり、政戦略については武藤章軍務局長ら幕僚の判断に頼ります。

東条英機（1884〜1948年）

近衛は内閣成立に先立つ七月一九日、陸海外相就任予定者の東条・吉田善吾《よしだぜんご》・松岡洋右《まつおかようすけ》を東京・荻窪《おぎくぼ》の自邸（荻外《てきがい》荘《そう》）に招き、会談しています。いわゆる荻窪会談です。その際、「対世界政策」（原案は松岡起草とされる）が合意されています。要点を示します。

①「世界情勢の急変」に対応し、かつ、すみやかに「東亜新秩序」を建設するため、「日独伊枢軸の強化」をはかる。
②対ソ関係は「不可侵協定」を締結し、かつ懸案の急速解決をはかる。
③東亜および隣接地域の「英仏蘭植民地」を東亜新秩序の内容に包含する。
④アメリカとの衝突を避けるが、東亜新秩序の建設へのアメリカの「実力干渉」は排除する。

これを、松岡の独創によるプランとする見方がありますが、前述の「時局処理要綱」陸軍案（七月三日）に含まれていた内容とほぼ同じであり、後述する大本営政府連絡会議（七月二七日）での提案前に、先取りしたものです。つまり「時局処理要綱」の主要部分を組閣前に四相就任予定者で合意し、近衛の先手論を実践したものといえます。

近衛や松岡は、陸軍の先手を打って政局の主導権を握ろうとしたのでしょう。松岡が「時局処理要綱」の情報を得たルートについては、正確には判明していませんが、近衛もしくは陸軍関係者から入手したと考えられます。

近衛自身は「時局処理要綱」の内容について、先の「総合国策基本要綱」とともに、組

荻窪会談／左から近衛《このえ》文麿《ふみまろ》、松岡洋右《まつおかようすけ》、吉田善吾《よしだぜんご》、東条英機《とうじょうひでき》。近衛の自邸・荻外荘《てきがいそう》にて

閣前に陸軍から何らかのかたちで説明を受けていたものと推測されます。米内光政前首相が陸軍から示された覚書「時局に対する陸軍の所見」に、すでに「時局処理要綱」の骨子が含まれていましたから、陸軍の推す近衛には、大命降下前後にその内容が示されていたとみるのが自然です。

「時局処理要綱」陸軍案は、海軍側との協議をへて、基本的部分はほぼそのまま陸海軍案となり、第二次近衛内閣成立後の七月二七日、大本営政府連絡会議で採択されました。大本営政府連絡会議とは、政府と統帥部（陸海軍）の連絡調整のために日中戦争期につくられた機構です。出席者は、大本営からは参謀総長・軍令部総長、政府からは首相・外相・陸相・海相ほか蔵相・企画院総裁など。事実上の最高指導機関であり、ここで決まった案は正式な国策となります。

近衛はこの時、実質的審議の最後に「政府としては原案に異存なし」と発言しています。出席していた他の閣僚からも異論はなく、事実上、内閣は陸海軍案に同意したことになります。なお、海軍側からの修正は、南方武力行使の具体的な対象地域名の記載を避けるなど部分的なものにすぎませんでした。

内大臣の木戸幸一も、阿南惟幾陸軍次官から説明を受け、近衛首相とも面談し、その内容を聞いています。木戸はかねてより「英国の勢力を駆逐」しなければならないと考えて南進政策は必要と主張し、独伊との提携に積極的な姿勢でした。これらのことから、木戸も「時局処理要綱」を容認していたものと思われます。

七月二七日に「時局処理要綱」決定が昭和天皇に上奏され、二九日に裁可されています。

南方進出の理由

こうして、陸軍が策定した「時局処理要綱」が国策となり、その後の日本の歩みが決定づけられたわけですが、なぜ陸軍ならびに政府は南方進出をはかったのでしょうか。結果的に南方進出が太平洋戦争へとつながっていますから、ここは重要なポイントです。

その理由については複数指摘されていますが、一つが長期化する日中戦争の解決のため、というものです。南方進出することで中国を支援する援蔣ルートのうち、仏印ルートとビルマ（現・ミャンマー）ルートの二つを遮断することができます。しかし援蔣ルートはこのほかにもあり、この二つを遮断したからといって、中国を降伏させる決定打にはなりません。したがって、日中戦争解決のためというのは、南方進出の主要な理由になりえません。

もう一つ、アメリカが天津事件で日本に対して経済制裁（日米通商条約破棄）に乗り出したため、とする見方があります。日本はそれまで多くの資源をアメリカからの輸入に頼っており、いわばアメリカ依存型経済から脱却するために南方進出したというわけです。しかし、これではなぜ資源確保先が南方でなければならなかったのか説明できません。

実は、その資源の種類こそが主要な理由でした。前述のように、南方では中国では手に入りにくい石油・ゴム・ボーキサイトが産出します。航空機や戦車など兵器の変化・進化にともない、必要な軍需資源も変わってきており、それらが入手できるのが南方だったのです。陸軍がめざした国家総動員体制の確立には、次期世界大戦における資源の自給自足が不可欠だと考えられており、そのために陸軍は南方に目を向けたわけです。

南方と東アジアを含めた自給自足圏を、武藤ら陸軍は「大東亜生存圏（大東亜共栄圏）」とし、そこに包摂されるアジアの諸民族を「白人帝国主義」下の奴隷的境遇から解放することが日本の使命だとしました。これは当時一般にも流布《るふ》していた言説であり、戦後も太平洋戦争の歴史的性格に関連して言及されてきました。

しかし、この「大義」は無理があります。というのは、当時の軍務局の内部資料に、中国や南方からの資源輸入の対価となる製造品を生産し、輸出する国力が不足していることが記されています。ことに南方占領地での軍需資源取得について、一方的な「搾取的経済情勢」が生じる、すなわち資源略奪にならざるをえないことが指摘されています。

陸軍は、かつて満州国について、五族協和といった崇高なる目的にもかかわらず、その本質は「大和民族の満蒙支配」との認識をもっていました。また、近衛内閣による「東亜新秩序」声明でも、日中の共存共栄による新秩序形成の理念を掲げるいっぽうで、華北・

内蒙古を「大和民族の自衛的生活圏」として位置づけています。
これらのことは、政策理念とその「本質」について陸軍の自己認識を知るうえで重要です。

日独伊ソ四カ国連携構想

「時局処理要綱」で、もう一つ重要なのは「独伊との提携強化」および「ソ連との国交調整」です。

それまで敵対していたソ連との関係改善を望んだ理由は二つあります。一つは南方への武力行使の際、背後を突かれるかたちで北方からソ連軍が攻めてこないようにするためです。しかし重要なのは、次の二つ目の理由です。

日本が独伊と手を結び、さらにソ連とも提携することで圧力をかけられる国がありま す。アメリカです。日独伊ソ四カ国が手を結ぶことによってアメリカを牽制し、日本軍の南方武力行使の際にアメリカが介入してくるのを阻止する。これが日本のねらいでした。

そのために陸軍が考えたのが、「世界三分野」によるアメリカの封じ込めです。世界三分野とは、日本が主導する大東亜共栄圏、独伊が主導する欧州・アフリカ圏、およびソ連圏の三つです。一九四〇年（昭和一五年）七月二七日付の陸軍の文書「日独伊提携強化に関する件」には、次のように記されています。——米国に対しては、ソ連をも誘導し、世界三分野の政治的、経済的連合により、所要に応じ米国に対し圧迫を指向し得るの態勢を構成し、もって帝国の主張を貫徹するに寄与せしむるごとく策す——。

つまり、日本は自給自足体制確立のために南方資源を手に入れたい。そのために武力進出すれば、南方に領地をもつイギリスと戦争になる。すると、アメリカが参戦してくる可能性があるが、国力において大きな差があるアメリカとの戦争はなんとかして避けなければならない。そのためには独伊ソと手を組むべきであるというわけです。

これを国策にしたのが「時局処理要綱」であり、この国策が、結果として軍部も内閣も誰もが望まなかった対米戦になるのですが、その詳しい道筋は次章以降で述べます。ここで強調したいのは、その国策をつくったのは陸軍であり、しかも当時の日本で国策をつくりえたのは陸軍だけだったことです。首相の近衛文麿は「先手論」として、陸軍案に乗るかたちで主導権を握ろうとしましたが、それは自ら国策をつくりえなかったからです。では、なぜ内閣が国策をつくることができなかったのでしょうか。

それは、五・一五事件を契機に政党政治が消滅したからです。それまで、国の基本政策

（国策）は、政権を握った政党が官僚を使ってつくっていました。国策をつくるには、情報機関や多くの立案スタッフが必要であり、政党という持続的組織がないとできません。しかし、近衛や木戸幸一は政党という組織をもっていませんから、国策をつくりようがない。

ドイツはナチス党が国家戦略をもっていましたが、当時の日本の政党は権力政党として機能していなかったために国家戦略をもちえませんでした。この時代において、組織的に政策立案能力をもった機関は政党と軍しか存在しませんから、政党にその能力がなければ、軍しかありません。その結果、陸軍がつくった原案がそのまま国策となって国を動かしていく。すなわち、陸軍中央の考え＝陸軍の意思＝国家の意思となったわけです。

陸軍中央は、日本をそのような国にするために誰を首相にし、誰を内大臣にしたらいいかを考え、実現させてきた。つまり、「時局処理要綱」は、陸軍がつくりあげた「戦争への道標」なのです。

日独伊三国同盟の締結後、外相官邸で開かれた祝賀会。前列右からスターマー特使、オットー独大使、松岡洋右外相、星《ほし》野《の》直《なお》樹《き》国務相、東条英機陸相、白《しら》鳥《とり》敏《とし》夫《お》外務顧問ほか

第六章

日独伊三国同盟

——対米戦争は望まず、されど……

仮想敵国の変更

一九四〇年（昭和一五年）七月に採択された「時局処理要綱」には、独伊との政治的結束の強化をはかるとありますが、陸軍では当初、対英軍事同盟が想定されていました。この時点では、日本の仮想敵国はイギリスだったのです。しかしその後、アメリカを仮想敵国とする対米軍事同盟に変わります。これはドイツの意向によるものでした。

陸軍が描いていた道筋は、ドイツ軍の攻撃によりイギリスは崩壊し、これにともない日独伊とソ連が連合してアメリカを孤立させ、南方における日本の支配権をドイツに認めさせることでした。陸軍は、ドイツのイギリス本土上陸を八月末頃と推定していましたが、ドイツの対英航空戦の失敗で延期されます。そして九月七日、ドイツから同盟締結のためにスターマー特使が日本に派遣されてきました。この時スターマーが主張したのが、対米軍事同盟でした。

ドイツの目的は、日独による対米牽制によって、アメリカの対独参戦を阻止することでした。スターマー来日の約一カ月前の八月上旬、ドイツはアメリカによるイギリス軍事支援として両国で「駆逐艦・基地交換協定」を結ぶ交渉を進めているとの情報を得ていました。これは、アメリカが西半球のイギリス基地を利用できる交換条件として、駆逐艦五〇隻をイギリスに提供するもので、九月に締結しています。このアメリカの動きを受けて、ドイツは日本と対米軍事同盟を結ぼうとしたわけです。

一九四〇年九月二七日、アメリカを仮想敵国とした日独伊三国同盟（以下、三国同盟）が調印されます。その要点は、以下四つです。

①日本は欧州新秩序における独伊の指導的地位を認め、尊重する（第一条）。
②独伊は大東亜新秩序における日本の指導的地位を認め、尊重する（第二条）。
③日独伊はたがいに協力し、三国が現に欧州戦争に参入していない国によって攻撃された時は、あらゆる政治的経済的および軍事的方法により相互に援助すべきことを約す（第三条）。
④本条約は、ソ連との政治的状態に何らの影響をおよぼさない（第五条）。

スターマー（1892〜1978年）

③の「欧州戦争に参入していない国」はアメリカとソ連を指していますが、④でソ連を除外していますから、これ

が対米軍事同盟であることは明確です。

なぜ対米軍事同盟になったか

三国同盟締結は近衛文麿首相との緊密な連絡のもと、松岡洋右外相主導でおこなわれたもので、陸軍がリードしたものではありません。ドイツ側の意向を受けた近衛が、先手論を実践したわけです。東条英機陸相・武藤章軍務局長ら陸軍中央は当初、アメリカを刺激することを避け、対英軍事同盟にとどめる意向でした。それがなぜドイツ側が求める対米軍事同盟を受け入れたのでしょうか。

陸軍としては、東南アジアにおける日本の支配権を国際的に認めさせるうえでドイツとの同盟が必要であり、そのためにはドイツの要求を受け入れざるをえませんでした。また、南方武力行使の際には北方の安全を確保しておくことが必須であり、対ソ国交調整にドイツの仲介を期待したのです。

前述のように、ソ連は満州事変の際、日本に不可侵条約を提案しました。しかし、日本側が拒否したことから、極東の軍備を増強します。これによって北方の軍事バランスが崩れたために、日本は日独防共協定を結びました。その後、日中戦争が本格化するとソ連は中国支援を開始し、日ソ関係は悪化します。さらにノモンハン事件で日ソ両軍が軍事衝突を起こすに至り、両国の関係は険悪になっていました。

ここで、対ソ国交調整がなされれば願ってもないことです。しかも、ドイツはソ連と不可侵条約を結んでいますから、仲介役として適任です。実際、スターマー特使は日ソ親善について、ドイツは「誠実な仲介者」となる用意があると述べています。

さらに、三国同盟プラスソ連との連携によって、アメリカの動きを牽制することができます。松岡外相と陸軍は、三国同盟と日ソ協力の結合はアメリカの対日経済制裁抑止や対独参戦阻止に有効に作用するとみていました。

ところが、三国同盟締結直前の一九四〇年（昭和一五年）九月一七日、ドイツはイギリス本土上陸作戦の延期を決定します。このことは条約締結時には日本側も認識していましたが、一〇月になると、ヒトラーは来春まで延期する命令を発しています。

三国同盟締結後、武藤は次のように述べています（武藤章「国防国家完成の急務」湯河元威ほか『内原青年講演集』第四・五巻）。そこには、当時の陸軍の考えや見方が表れていて重要なので、すこし長いですが紹介します。

——日独伊は連携して、英米仏などに支配されていた旧世界秩序を転覆し、世界の新秩序を建設しつつある。今や英米の反日的態度は先鋭化し、両国は緊密な連携のもと、対日攻勢を策しつつある。ソ連を自陣営に引き込もうとし、中国を援助して日本への抗戦を続けさせようとしている。

ソ連は英米と日独伊の間で中立的態度を取っているが、日本は独伊と協力し枢軸側に協力させるよう努めなければならない。全世界に対する赤化宣伝への警戒は忘れてはならないが、日本はあくまでも自給自足の経済圏をつくらねばならず、そのために南方資源の獲得が必須である。したがって、一時ソ連と提携しなければならない。また、ソ連の対中援助の影響は大きく、それを断つためにも、ソ連との国交調整が必要である。

三国同盟およびソ連との提携により、アメリカに反省をうながす。ただし、アメリカとの戦争は避けるべきだ。ただ、最悪の場合に備えて、米と対抗しうる準備は整えておかなければならない。アメリカは現在、戦争準備を進めており、その軍事費は膨大な額に達している。しかも事態は楽観を許さず、ひとたび対処をまちがえれば日米戦争となり、勝敗にかかわらず、悲惨なる結果をもたらす。このような状況下で大東亜共栄圏建設を遂行していくには、独伊との同盟およびソ連との提携とともに、国防国家体制を整え、強力に国策を遂行していかなければならない――。

武藤が独伊ソとの連携による圧力でアメリカの対独参戦を阻止し、かつ日米戦を回避しながら、大東亜共栄圏の建設を実現しようと考えていたことがわかります。東条の考えも同様でした。武藤は三国同盟について、日米戦争を目的とするものではなく、あくまでもそれを回避するためのものであることを、陸軍省の幹部会議でも発言しています。よく三国同盟は日米戦争に向けたものだったといわれますが、武藤の真意は違います。

ただし、注意を要するのは、「時局処理要綱」ではアメリカをできるだけ刺激しないでおこうとする融和的な姿勢だったのが、三国同盟締結以降、日米戦という事態を想定していることです。これは、三国同盟が対米軍事同盟である以上、そうならざるをえなかったのでしょう。

交換公文に記されたこと

武藤ら陸軍も、そして海軍も、アメリカとの戦争は望みませんでした。だからこそ、三国同盟と対ソ提携によってアメリカの動きを牽制し、南方武力行使、すなわち対英戦の際にアメリカの参戦阻止を意図したのです。

しかし三国同盟は、アメリカの対独参戦が日米開戦に連動する危険性をはらんでいました。対米軍事同盟であるため、アメリカにとってドイツとともに日本も敵になるからです。もちろん、武藤ら陸軍も、三国同盟によるアメリカの反発、対日圧力は強化されるだろうとみていました。三国同盟は日米関係を悪化させることは理解していたのです。

それでも三国同盟を結んだのは、前述したように東南アジアを含めた大東亜新秩序における日本の支配権を独伊に認めさせること、ドイツ仲介による対ソ国交調整の実現という二つの大きなメリットがあったからです。

特に後者は戦略上重要であり、陸軍は、三国同盟だけでなくソ連と手を結ぶことができてはじめて、アメリカに対する有力な牽制になると考えていました。逆にいえば、対ソ国交調整ができない限り、三国同盟は日本にとってアメリカとの関係を悪化させるだけになりかねない危険性があったのです。

なお、海軍は三国同盟締結の際、同盟により独米開戦が日本の対米自動参戦となることを恐れ、いったん態度を留保しています。

これに対して、松岡外相は、事実上参戦の自主的判断を各国政府がもつという規定を交換公文で定める案を提示し、海軍側の了解を得ています。これにスターマー特使も同意し、これにより対米自動参戦は回避されることとなりました。また、対ソ国交調整についてのドイツの仲介についても交換公文に記されています。

なお、交換公文とは、国家間で取り交わす公式の合意文書のことで、条約の一種です。当事国の代表が同一内容の文書を交換し、通常は署名のみで成立します。三国同盟締結において、この交換公文がきわめて重要な意味をもつのですが、そのことについては後述します。

北部仏印進駐

一九四〇年（昭和一五年）九月二三日、日本軍は「時局処理要綱」の方針にもとづき、北部仏印への進駐を開始します。

かねてから陸軍は、援蔣ルートの一つである仏印ルートの遮断を企図していました。仏印ルートは全援蔣物資の約五割を占めており、中国にとってもっとも重要なルートでした。陸軍はその援蔣ルート閉鎖と南進を念頭に、日本軍の駐留、港湾と航空基地使用などのため、北部仏印への進駐を認めるようフランスに要求します。

しかし、フランスは日本の要請を受け入れたものの、仏印当局との現地交渉が難航。そのため現地指導に派遣された参謀本部の冨永恭次作戦部長は、武力進駐を強行しようとして、日本軍部隊の独断越境による武力衝突が起こりました。

その後、現地で協定が成立しましたが、冨永は更迭され、統制派系の田中新一が作戦部長に就任します。以降、田中は参謀本部で強い影響力をもつようになり、陸軍の構想と政策は、武藤章軍務局長と田中作戦部長に牽引《けんいん》されることになります。なお武藤と田中は当初足並みがそろっていましたが、独ソ戦が始まると対立するようになります。

こうした日本の動きに対して、アメリカは即座に反応します。北部仏印進駐開始三日後の九月二六日、アメリカ政府は対日屑鉄《くずてつ》禁輸に踏み切るのです。

それまで、アメリカは段階的に対日禁輸を強めていました。七月二日に軍需品関連資材の輸出制限を可能にする国防強化促進法を成立させると即日、石油・屑鉄以外の軍需物資を禁輸としました。屑鉄は、銑鉄《せんてつ》からだと手間のかかる鉄鋼生産を容易にする、きわめて重要な戦略物資です。この屑鉄と石油を除外したのは、日本がもっとも必要としている物資であり、軍事的報復を避けながら、日本の行動を抑制しようとしたからです。

さらに七月二〇日、太平洋と大西洋の両方で海軍力の強化をはかる両洋艦隊法が成立すると、航空機用ガソリン・潤滑油と最高級屑鉄の対日輸出を停止します。

北部仏印進駐に対する屑鉄禁輸は、これらに続く措置でした。この時点で、日本がアメリカから輸入できる重要戦略物資は、航空機用ガソリン・潤滑油以外の石油類（重油・軽油など）と原油のみとなりました。原油からは各種の石油製品を国内で精製することができますが、原油を含む石油全面禁輸となれば、艦船・航空機の燃料源が全面的に断たれることを意味します。

こうして、日本はアメリカによって追い込まれ、選択肢を失っていきました。

ソフト路線へ

一九四一年（昭和一六年）一月三〇日、陸軍起案の「対仏印、泰《タイ》施策要綱」が陸海軍と政府間で合意されます。これは、仏印およびタイとの間で軍事・政治・経済にわたる結合関係を設定するもので、仏印との間には南部仏印における航空基地の建設、港湾施設の使用、日本軍の進駐などを含む軍事協力協定を締結し、やむをえない場合は武力を行使するとしました。

田中新一（1893〜1976年）

先の「時局処理要綱」では好機を捕捉し、イギリス領への武力攻撃などによって南方支配をめざすとしていました。それが、「対仏印、泰施策要綱」では、大東亜共栄圏を段階的に建設すること、その第一ステップとして仏印・タイの包摂をはかる方針が示されています。日本としては、ドイツのイギリス本土上陸作戦の延期を受け、その間に可能な範囲で南方地域の包摂をはたしておこうとしたわけです。

日本とタイとの関係は当時、比較的良好でした。仏印との国境紛争をかかえていたタイのピブン政権が日本の影響力を期待して、密接な関係を結ぼうとしていたからです。

「対仏印、泰施策要綱」の主要なねらいは南部仏印進駐であり、武藤章軍務局長や田中新一作戦部長は三月末までにその実施を決定すべきと主張していました。七～八月頃とみられるドイツ軍のイギリス本土上陸に備えるには、三月末の決定が必要と判断したのです。決定しても準備に一カ月、飛行場整備などに二～三カ月を要するからです。

ところが、ここで思わぬ障害が生まれます。南部仏印進駐について松岡洋右外相の同意を得られず、七月まで実施されなかったのです。松岡は、陸軍が対米戦を回避したいことを知っていました。そして、政局の主導権を握るために陸軍を牽制し、現時点での南部仏印進駐は対英米戦を誘発するとして、実施に慎重な姿勢を示したのです。

南部仏印進駐が実施されるまでの間、陸軍は重要な路線変更をしています。四月一七日、「対仏印、泰施策要綱」にもとづき、新たに「対南方施策要綱」陸海軍案が作成されます。同案には武力によらず、外交によって平和的に仏印・タイの包摂をはかることが明記されています。武力行使も視野に入れていた「対仏印、泰施策要綱」からの変更だけでなく、蘭印についても、原則として外交的手段による経済関係の緊密化をめざすとしていました。かなりソフトになっていることがわかります。

注目すべきは、なぜ路線変更がなされたかです。その背景にあるのは、英米に対する認識の変更でした。それまで陸軍は英米可分論で、イギリスを攻撃してもアメリカとの戦争は避けられると考えていました。ところが、この時点で英米不可分、すなわち対英戦争は必然的に対英米戦争となるとの見方が、陸海軍共通の認識になったのです。

松岡洋右（1880〜1946年）

そのため、イギリスを直接刺激する武力行使によらないかたちで仏印・タイを包摂し、蘭印についても外交交渉によって資源を確保しようとしたのです。ただし、南部仏印進駐と軍事基地設営を重視している点は変わりません。

さらに「対南方施策要綱」では、南方武力行使について「自存自衛」の場合のみに限定しています。「時局処理要綱」に定めた「好機」を捕捉して南方に武力行使をする方針は、当面放棄されたわけです。では、自存自衛の場合とは、具体的にどのようなケースをさすのでしょうか。

それは、英米蘭などから全面的な対日禁輸措置を受けるか、国防上容認できない軍事的対日包囲態勢が敷かれたケースです。

「対南方施策要綱」は政府と協議されたものではなく、陸海軍内部での申し合わせ事項でしたが、それでも、当時の軍部の考えを知るうえで重要なものです。

陸軍が英米可分から英米不可分へと変わった理由に、三月にアメリカで成立した武器貸与法があります。アメリカはイギリスに大規模な武器援助をおこなう姿勢を明らかにしたわけです。これが、英米不可分の認識となったのです。

これは同時に、アメリカの参戦阻止のために、対ソ国交調整による日独伊ソ四カ国連携が三国同盟締結時より、さらに重要になったことを意味します。

ルーズベルトの思惑

ここで、武器貸与法を成立させたアメリカの事情をみてみましょう。

ルーズベルト大統領は、イギリスがドイツに敗北すれば大西洋の制海権が失われ、アメリカの安全保障に深刻な影響をおよぼすとみていました。またナチス・ドイツが全ヨーロッパを支配すれば、アジアはドイツ同盟国の日本の支配下に入り、その結果、南北アメリカ大陸はヨーロッパとアジアから切り離され、国際社会から孤立すると考え、強く警戒していました。つまり、イギリスの存続はアメリカにとって死活問題だったのです。

一九四〇年（昭和一五年）六月のフランス降伏後、アメリカはイギリスの存続に疑いをもつようになります。アメリカ陸海軍統合会議は同月、アメリカ本国および中南米、東太平洋を含む西半球防衛戦略を決定、八月一三日にはルーズベルト大統領が承認しています。この段階で、アメリカ政府はイギリスがドイツに屈した場合を想定して、南北アメリカとその周辺海域（ハワイを含む）を防衛する戦略を策定したわけです。

しかし、ルーズベルトは陸海軍とは異なり、イギリス存続に必ずしも悲観的な判断をしていませんでした。八月下旬、ルーズベルトはイギリスがドイツの本土上陸作戦や航空攻撃に耐えうるかを見極めるため、軍幹部をイギリスに派遣します。

派遣された軍幹部は、イギリスの存続能力と強い対独継戦意志を確認し、ルーズベルトに報告します。これを受けて九月二日、米英による「駆逐艦・基地交換協定」が結ばれ、アメリカによる本格的なイギリスへの軍事支援が始まったのです。

さらにアメリカ政府は一〇月にかけて、重要な三つの基本方針——①戦争の第一の脅威と軍需品の主たる需要は大西洋にある、②太平洋作戦は大西洋作戦に対して第二義の政策を取る、③アゾレス諸島など大西洋の一部島嶼《とうしょ》の予防占領をおこなう——を決定します。

つまり、イギリス支援とともに大西洋での積極的軍事行動を提起しており、それはそのままドイツとの開戦の可能性を示しています。大西洋ではドイツ軍がイギリスの船舶を攻撃しており、そこへアメリカ軍が島嶼の予防占領に出れば、ドイツ軍と交戦になることは目にみえています。

アメリカの対独参戦はドイツにとって大きな脅威ですが、アメリカにとっても三国同盟の締結は強い衝撃でした。大西洋での戦争（対独戦）が、同時に太平洋での戦争（対日戦）へと連動する可能性が現実味を帯びたからです。両洋で同時に戦火を交えることは、アメリカにとって最悪の展開です。対独戦を優先し、対日戦を第二義とするとした基本方針が大きく狂うことになりますから。

そこで、アメリカ政府はやむをえず、大西洋で強力な攻撃をおこない、太平洋では防衛的攻撃のみをおこなうとして、大西洋第一主義の方針を取ったのです。

ルーズベルト大統領は同年一二月二九日、次のような炉辺《ろへん》談話を発表します。——もしイギリスが屈服すれば、枢軸諸国は欧州大陸・アジア・アフリカ・豪州および公海を支配するだろう。そして、われわれアメリカ大陸全体は、彼らの銃口のもとで生活することになる。そうした結果を防ぐには、より多くの艦船・銃器・航空機などをもたなければならない。つまり、われわれは民主主義の兵器廠《へいきしょう》とならねばならない——。

ルーズベルト自ら、アメリカが安全保障上の観点から自国の孤立を恐れ、イギリス存続に関心をもっていることを明らかにしたわけです。こうして、翌一九四一年(昭和一六年)三月にアメリカで武器貸与法が成立し、大量の武器・物資がイギリスに無償で供与されることになったのです。

日ソ中立条約

一九四一年(昭和一六年)三月、松岡洋右外相がソ連との条約締結のため、ヨーロッパへ出発します。これに先立つ一月一二日、松岡は「対独伊蘇《ソ》交渉案要綱」を陸海軍に提出していました。これはドイツからのリッベントロップ腹案をもとに、イギリス打倒に向けた日独伊の施策にソ連を同調させ、かつ日ソ関係改善のために条約締結を実現させようとしたものです。

リッベントロップ腹案とは、前年一一月一〇日、ドイツのリッベントロップ外相から示されたもので、ソ連を三国同盟に同調させ、南北アメリカを除き、世界を独伊日ソの勢力圏に分割しようとする提案です。その内容は、従来から武藤章軍務局長ら陸軍が描いていた「世界三分野」構想と同趣旨のものといえます。

問題は、このリッベントロップ腹案が提示された一九四〇年（昭和一五年）一一月から翌年一月の松岡外相による「対独伊蘇交渉案要綱」の間に、独ソ関係が大きく変化したことです。

ルーマニアの油田やフィンランドの鉄鉱石をめぐる問題から、独ソ関係は悪化。一九四〇年（昭和一五年）一二月一八日、ヒトラーはバルバロッサ作戦に関する命令（対ソ開戦準備命令）を下します。つまり、松岡外相がリッベントロップ腹案をもとにした「対独伊蘇交渉案要綱」を陸海軍に提出した一九四一年（昭和一六年）一月には、すでに独ソ関係は破綻していたわけです。

松岡外相は滞欧中、大島浩駐独大使から独ソ開戦の可能性を指摘され、条約締結を思いとどまるよう進言されています。独ソ戦となれば、日ソ間の条約が日本の行動を制約する足枷《あしかせ》になるからです。しかし、松岡は大島の意見を受け入れません。松岡は、独ソ間の緊張は双方の威嚇や虚勢によるもので、開戦に至る前にソ連がドイツの威圧に屈して妥協するとみていたのです。

こうして一九四一年（昭和一六年）四月一三日、日ソ中立条約がモスクワで調印されました。その内容は、日ソ両国は相互に領土保全および不可侵を尊重するとともに、両国の一方が第三国より軍事行動の対象となった場合、他方は全期間中立を守ることを約したものです。これにより、かねて武藤ら陸軍・松岡・近衛文麿がめざしてきた三国同盟とソ連との連携が実現したかにみえました。

調印から三日後、大島大使から重大情報が寄せられます。ドイツが対英戦と併行して今年中の対ソ開戦を企図しているとの情報です。さらに六月五日、大島大使からの電報「独ソ開戦は今や必至なりとみるが妥当なるべし。……短時日の中にこれを決行するものと判断せらる」が入ります。

しかし武藤ら陸軍は、ドイツ側の「ブラフ（はったり）」に乗せられているのではないか、と懐疑的でした。もちろん、武藤らも独ソがルーマニアなどの問題で対立していることは知っていましたが、ドイツ軍の威力によってソ連が折れる方向で決着するとみていたのです。武藤は、「ヒットラーが気でも狂わん限り」二正面作戦を始めることはない、と述べています。東条陸相も武藤らの見方に同調しています。

いっぽう、陸軍中央の幕僚間では、大島の情報は深刻に受け止められていました。日独伊とソ連を連携させることによってアメリカを牽制しつつ、南方に武力進出することが「時局処理要綱」にもとづく国策の基本方針でした。ところが独ソ開戦となれば、それが瓦解《がかい》し、国家戦略の全面的見直しが求められる事態となるからです。

武藤ら陸軍の見立てに反して、一九四一年（昭和一六年）六月二二日、ドイツ軍はソ連領内になだれ込み、独ソ戦が始まったのです。

日米諒解案

ヨーロッパ情勢が新たな局面を迎えるなか、日本に対して動きを起こしたのがアメリカです。一九四一年（昭和一六年）四月一七日、野村吉三郎《のむらきちさぶろう》駐米大使から「日米諒解案」が打電されてきました。ハル国務長官は、もともと両国とも外務省などの公式ルートによらずに始められ、非公式だったものを正式に提案するよう野村大使に要請し、これに日本政府が賛同するなら両国の交渉の礎《いしずえ》になりうると伝えます。そうした経緯で、野村大使より打電されてきたわけです。

「日米諒解案」には、次のような事項が盛り込まれていました。

①三国同盟にもとづく日本の軍事上の義務は、ドイツが積極的に攻撃された場合のみ発動される。

②アメリカ政府の欧州戦争に対する態度は、自国の福祉と安全とを防衛する考慮による。

③日中戦争については、中国の独立、日中間の協定にもとづく日本軍の撤兵、蔣〔介石〕・汪《おう》〔兆銘《ちょうめい》〕政権の合流、満州国の承認などを条件に、米大統領が蔣政権に和平を勧告する。

④日本が武力による南進をおこなわないことを保証し、アメリカは日本の必要資源入手に協力する。

⑤以上の後、新たな日米通商条約を締結し、両国の通商関係を正常化する。

日本のメリットは、③米大統領の対中和平勧告、④資源入手、⑤日米通商関係正常化の三点です。いっぽうアメリカのねらいは、①で日本が三国同盟により軍事行動を起こすのはドイツが積極的に攻撃された場合に限定し、②でアメリカは自衛のために欧州戦争にかかわるとしているように、アメリカが対独開戦した場合の日本の非参戦にありました。

この「日米諒解案」に、日本側は陸海軍、近衛文麿首相ら内閣ともに、容認する姿勢をみせます。ただし、松岡洋右外相は日ソ不可侵条約締結などのため、欧州訪問中でした。

武藤章軍務局長も、同案が日米間の緊張を緩和し、日中戦争解決に資するものとして歓迎しています。対米関係悪化にともない対日輸出制限に苦慮していた武藤は、特に日本の必要資源確保にアメリカが協力し、通商関係を正常化するとの条項に安堵しています。対中和平勧告にともなう撤兵条項についても、日中間の協定によるとされており、撤兵の期間と範囲はさまざまな方策がありうると判断しました。

田中新一作戦部長も、基本的に「日米諒解案」を容認する姿勢をみせています。

アメリカの豹変

「日米諒解案」に強く反対したのが、訪欧から帰国した松岡洋右外相です。松岡は、アメリカが対独参戦した場合、日本も対米参戦する意志を明確に示すことを主張します。三国同盟の軍事援助条項厳守の明示と南方武力行使を組み合わせた威嚇によってのみ、アメリカの対独参戦を阻止できるというのです。南方武力行使については、日ソ中立条約によって背後の安全を確保したことで、その現実的可能性をすでに米英側に示したと松岡は考えていました。

こうしたことから松岡は、アメリカの対独参戦の場合は三国同盟の軍事援助規定を発動することを明記した修正案の作成を要望し、これを、日米交渉の早急な開始を望んでいた陸海軍や近衛文麿首相らは受け入れます。そして、一九四一年（昭和一六年）五月一二日、修正案をアメリカ側に提示するのです。

なお、松岡の「日米諒解案」への反対については、外相である自分が関知しないところでまとめられたことへの不満からとの見方がありますが、これは誤りです。内容そのものに反対だったからとみるべきです。

日本が提示した修正案に対し、六月二一日、アメリカ政府から正式な返答がなされます。それをみた武藤章軍務局長は、当初の融和的な「日米諒解案」とのあまりにも大きなギャップに驚きます。それは、日本側が受け入れられるものではありませんでした。

その内容は、まずアメリカの対独参戦は自衛のためであり、日本は三国同盟にもとづく対米参戦はおこなわないとし、日中戦争解決への米大統領の仲介の際には和平条件について日米間の合意を要するとなっていました。その合意すべき和平条件として、日中間の協定にもとづく中国からの撤兵と、満州国に関する日中間の交渉を挙げていました。さらに通商無差別原則を中国にも適用するとありました。

つまりアメリカは、日本軍の中国駐兵を拒否するだけでなく、満州国に関して日中間の交渉ということは、満州国を承認しないといっているわけです。また、中国への通商無差別原則の適用ということは、中国における日本の特殊的地位を認めないことを意味し、日本がめざす東亜新秩序を否定しています。何よりも対独参戦の条件に関しては、対米参戦をしないことを求めており、事実上、三国同盟の空文化を要求しています。

これをみた田中新一作戦部長は、アメリカの対日政策が「融和」から「強圧」へと転換したと判断しますが、いったい何がアメリカを変えたのでしょうか。松岡の修正案がアメリカを怒らせたとする見方もありますが、これは誤りです。

アメリカの姿勢が変わったのは、独ソ開戦情報です。アメリカ政府は六月一二日頃、ドイツの対ソ侵攻の確証を得ており、これを機にアメリカの対日姿勢が大きく変化したのです。そして日本に修正案を伝えた翌日の六月二二日、独ソ戦が勃発します。

アメリカ陰謀説を検証する

「日米諒解案」については、アメリカが日本を陥《おとしい》れるための陰謀とする説がありますが、はたしてそうでしょうか。検証してみます。

ハルは一九四一年（昭和一六年）四月九日、非公式にまとめられた「日米諒解案」の草稿をみて失望し、調整の余地すらないと受け止めていました。ところが四月一四日、これに部分的な修正を加えただけの「日米諒解案」を、日本側から正式のルートに乗せるよう、野村大使にすすめています。

その理由は、四月一三日の日ソ中立条約締結にあります。同条約によって、日独伊ソ四カ国連携ができあがり、かつ日本にとって北方の安全が確保され、南方進出の前提条件が整いました。それは、アメリカにとって日本の南方武力行使が現実的な脅威となる可能性が高まったことを意味します。この時、アメリカは、大西洋での対独戦と同時に太平洋での対日戦を遂行する準備はできていません。そのため、対独戦に突入した場合、日本が三国同盟によって対米参戦をすることを強く危惧していました。

いかにアメリカが日本の動きを警戒していたかは、対独戦備強化のために太平洋艦隊の一部を大西洋に移動させることにしていた計画を、日ソ中立条約締結直後に中止したことでもわかります。また、アメリカは海軍のパトロール地域をアイスランド以西にまで拡大し、同地域への枢軸国艦船の侵入を実力で阻止する方針を固めていましたが、これも中止しています。

日ソ中立条約による日独伊ソ四カ国連携の実現はアメリカにとって脅威であり、対独開戦時の日本参戦を回避し、かつ日本の南方進出を引き延《の》ばしたい。その手立てとして講じたのが「日米諒解案」だったのです。対独戦を優先させたいアメリカは、日本への融和策によって日米妥協の道を探ったわけです。

そのいっぽうで、アメリカ政府は独ソ間の軍事的緊張も把握していました。ただし、ドイツのソ連国境線への兵力集中は対ソ威圧をねらったもので、ソ連はそれに屈服するのではないかとの情勢判断をしていました。むしろドイツの強い主導権のもとでの新たな独ソ提携の出現を危惧しています。また、ドイツの春季攻勢はイギリスに向かうとの見方がアメリカ政府内にはなお強くありました。

このように、ヨーロッパ情勢については、アメリカ政府も武藤章や松岡洋右ら日本側と同様の判断をしていたのです。こうしたことから、独ソ間の緊張を知りながらも、日ソ中立条約締結に危機感をつのらせたアメリカ政府は、対日融和的な「日米諒解案」を日米交渉のベースとして容認したわけです。つまり、「日米諒解案」はアメリカが日本をだますために用意されたものではなく、日本への強い危機感からつくられたものだったのです。

ところが、独ソ開戦によって事態は大きく変わります。これにより日独伊ソ四カ国連携は消え、日ソ中立条約は意味をなさなくなりました。前述のように、アメリカ政府がドイツの対ソ侵攻の確証を得たのは六月一二日前後ですが、それ以後、アメリカの対日姿勢は掌《てのひら》を返したように変わったわけです。

ドイツの思惑

では、日本はアメリカにどう対処しようとしたのでしょうか。

前述のように、アメリカとの戦争を極力避けたい日本は独伊と組み、ソ連と提携することで、アメリカの軍事行動を阻止できると考えていました。南方進出をはかる際の敵国はイギリスであり、日本にとって独伊との同盟は当初、対英軍事同盟を意味していました。ですから、アメリカに対してはできるだけ融和的であろうとしました。

しかし、ドイツは違います。ドイツにとって三国同盟は対米軍事同盟であり、アメリカと正面から敵対し、力で抑え込むための同盟でなくてはなりませんでした。そうした意向をもつドイツと日本が組むことにしたのは、日本の南方支配についてドイツの承認を得たかったのと、ドイツの仲介による対ソ国交調整を望んだからです。とはいえ、アメリカとの戦争は回避したいので、独米開戦になった場合、日本が自動参戦とならないよう、自主的判断ができるとする交換公文をスターマー特使と交わして、三国同盟を締結しました。

ドイツはできればアメリカの参戦を阻止したいとしながらも、対米戦はもはや避けられないとする覚悟をもっていました。ドイツにとって三国同盟は対米戦を念頭においたものであり、日本にはその海軍力でアメリカ海軍を太平洋に引き付けておくことを期待していました。

実は、スターマーは三国同盟締結の際、日本と自動参戦回避を約した交換公文を交わしたことを本国に知らせていませんでした。知らせれば、本国は絶対に認めないことをわかっていたからです。このことは戦後、ドイツの戦争犯罪を裁いたニュルンベルク裁判（一九四五～一九四六年）で明らかになりました。

したがって、三国同盟締結の際に、そうした交換公文が交わされていたことをヒトラーは知らず、日本側もまたドイツが交換公文のことを知らされていないとは夢にも思っていませんでした。日本・ドイツともに、非常に重要なことを知らぬまま対米戦に突入したことになります。

三国同盟締結後、ドイツのリッベントロップ外相は日本との約束をはたすべく、日ソの仲介役としてソ連に日ソ不可侵条約を提案しています。これに対し、ソ連は北樺太《きたからふと》の日本利権の放棄を要求しますが、日本側は拒否。その後に松岡外相が訪欧した時、ドイツは日ソの仲介をことわっていますが、それは、ドイツはこの時点で対ソ開戦を決意していたからです。

そして日本は独自に日ソ中立条約を結ぶわけですが、ソ連はソ連で日本との関係改善を望んでいました。ドイツと軍事的緊張が高まっており、そのうえ日本と対戦する事態になれば、二正面戦争を戦うことになるからです。

こうして日本は、三国同盟と日ソ中立条約によって日独伊ソ連四ヵ国連携を完成させ、アメリカ抑止態勢を構築したかにみえました。ところが、それも束《つか》の間《ま》、独ソ戦の勃発により、その構想は破綻。それればかりか「時局処理要綱」以来の基本戦略の再検討をせまられることになりました。

独ソ戦にどう向き合い、アメリカの対日強硬姿勢にどう対処し、日中戦争をどう処理するか——。これらが喫緊の課題となったのです。

ベトナムのサイゴン（現・ホーチミン市）に進駐した海軍陸戦隊と軍楽隊

第七章

南部仏印進駐

――日米開戦の原因は関特演だった

独ソ戦への対応で割れる陸軍

一九四一年（昭和一六年）六月二二日に始まった独ソ戦により、基本戦略の見直しをせまられることになった陸軍中央は、ソ連への対応をめぐり、戦略上の意見対立がみられるようになりました。

陸軍省の武藤章軍務局長は――ソ連は広大な領土と豊富な資源を有しているうえ、一党独裁による強靱《きょうじん》な政治組織をもち、二度にわたる「五カ年計画」の実施により高い工業力を備えていることから、容易には屈服しない。そのため、ヒトラーが延期したイギリス本土上陸作戦はさらに遠のくことが予想され、近い将来のイギリス崩壊の可能性も低い――と考えていました。つまり、独ソ戦はドイツの勝利で短期に終結する可能性は低く、長期戦になると予想したのです。

長期戦になった場合、二つの結果が予想されます。一つはドイツの勝利。もう一つはソ連がもちこたえ、アメリカの参戦によりドイツが敗北すること。どちらになるかは見通し不明と武藤は考えていたようです。そして、独ソ戦の推移や米英の動きなど情勢を見極めるべく、しばらく静観することを主張します。

ソ連と戦争を始めたヒトラーについて、陸軍内では「ヒトラーは馬鹿をした」（真田穣一郎軍事課長）、「ヒトラー誤てり」（久門有文《くもんありふみ》作戦課航空班長）とさんざんで、武藤も対ソ開戦は合理的な判断ではないとドイツに距離をおくスタンスをみせるのです。

武藤は、当面は「日米諒解案」にもとづく日米交渉を進め、そこから日中戦争を解決する道を探ることを考えました。ただし、早期にソ連が崩壊する場合には北方武力行使を容認するとしています。それは北方の脅威を取り除く絶好の機会であり、ソ連がドイツに屈服したかたちで成る四カ国連合の再建でもあります。南方武力行使については、ソ連とイギリスが崩壊すれば容認するとしています。そうなれば、アメリカは容易に西太平洋に軍事介入することはないからです。

もっとも、これは日本にとっても望ましい展開になった場合の話で、そう都合よくいかないであろうことは武藤もわかっていました。それもあって、武藤はしばらく静観して事態の推移を見守ることを主張したのです。

いっぽう、参謀本部の田中新一作戦部長は次のように考えていました。

——北方については、独ソ開戦により三国同盟とソ連の連携は消滅し、日独による対米牽制力も急激に低下した。それればかりか米英ソが提携し、アメリカは英ソの徹底的援助に出ることが予想され、それは日本に大きな圧力となる。この国際的窮地から脱却する道はソ連の打倒しかない。日独の挟撃によりソ連を屈服させれば、北方からの脅威を取り除き、かつ再びドイツをイギリス本土攻撃に向かわせることができる。そうなれば日本の南方武力行使とともにイギリスを崩壊させ、アメリカを孤立させられる。

南方については、独ソ開戦にともない米英による対日経済圧迫が強化される。そうした米英の動きに備え、早急に仏印とタイを完全に包摂する必要がある。ことに英領マレー・シンガポール・蘭印への攻撃基地として、南部仏印に所要の兵力を進駐させる。

以上を踏まえて、北方武力行使と南部仏印進駐を同時に実施すべし。ただし、南方武力行使はドイツがソ連を叩いてから――。

つまり、対ソ開戦を主張したわけです。これが参謀本部を牽引していきました。

田中新一の対ソ開戦論

では、なぜ田中新一作戦部長は対ソ開戦、すなわち独伊との提携重視を主張したのでしょうか。

そもそもドイツの対ソ開戦は、三国同盟の交換公文に定めた「ドイツは日ソの友好的了解の増進に努める」趣旨に反するもので、日本の「友好国」を攻撃する行為といえます。

にもかかわらず、なぜ独伊との提携を重視したのか。

田中は独ソ戦勃発後、改めて基本戦略に立ち返り、日本が選ぶべきは独伊との同盟か、それとも対米英提携かを検討しています。そして、次のように予測するのです。

――もし米英と結んだ場合、アメリカの仲介により日中和平が成立するだろう。そののち独伊が屈服するか、世界大持久戦争になる可能性がある。どちらにせよ、事態が決着すれば日本は改めて米英ソ中による挟撃にあう。そうなれば日本は満州事変以前の状態になり、世界の三流国に転落する――。そして、現時点においては枢軸陣営で国策を実行するほかはないとの結論に至ったのです。

一般的に、それまでの日独防共協定や日中戦争での英米との対立などの経緯から、独伊との同盟継続は自明の方針で、それが対米戦争につながったとする見方がなされていますが、そうではなかったことが、田中の考察からわかります。

実は、陸軍では独ソ開戦の前に、開戦を想定した国策案をつくっていました。開戦八日前の一九四一年（昭和一六年）六月一四日に策定した「情勢の推移に伴う国防国策の大綱」陸軍案です。

そこには、北方武力行使については独ソ戦のドイツ側勝利が明らかとなった場合に限るとしたうえで、対ソ戦備を整えるとしています。南方武力行使については、枢軸陣営の勝利が明らかとなった場合に限るとしています。

田中ら参謀本部作戦部の主張である北方武力行使と南方武力行使は、武藤章ら陸軍省軍務局も容認しうる範囲で陸軍省・参謀本部は合意したわけですが、田中の早期対ソ開戦論は退けられています。南部仏印進駐については、省部ともに、西太平洋での英米の動きを警戒しながらの実施で一致します。ちなみに、武藤ら陸軍省は外交的手段での遂行を意図し、田中ら参謀本部は武力行使も辞さずとの姿勢でした。

こうして、「情勢の推移に伴う国防国策の大綱」陸軍案は六月二四日、名称を「情勢の推移に伴う帝国国策要綱（以下、「帝国国策要綱」）」に変更して、陸海軍案としてまとめられます。内容はほぼ陸軍案のままですが、海軍は南方重視、北進には消極的でした。同要綱は大本営政府連絡懇談会で採択されたのち、七月二日の御前会議で正式決定しています。

七月一六日、近衛文麿首相が内閣総辞職します。そして、対ソ開戦と日米交渉打ち切りを強く主張した松岡洋右外相をはずして、第三次近衛内閣を発足させるのです。

関特演(関東軍特種演習)／北満に展開した関東軍。関東軍は約70万人まで増強された

関東軍特種演習

「帝国国策要綱」において、田中新一作戦部長の早期対ソ開戦論は認められませんでしたが、独ソ戦の動向をにらんで対ソ武力準備を整えることは公式に認められました。そこで田中ら作戦部は、対ソ戦備強化に乗り出します。それが、満州における「関特演《かんとくえん》（関東軍特種演習）」の実施で、動員数は八五万というこれまでにない規模でした。

作戦部は、対ソ作戦期間を約二カ月と想定。戦闘が困難になる冬季に入る一九四一年（昭和一六年）一一月までには大勢を決しなければなりません。そこから逆算すると、武力発動が九月初頭、決定は八月上旬から中旬までが期限となります。

また、武力介入の基準は、極東ソ連軍の兵力が半減、航空機および戦車が三分の一に減少した場合とされました。独ソ開戦前の極東ソ連軍の兵力は、師団数が日本の約三倍、戦車・航空機は約五倍となっており、戦局の帰趨《きすう》を決する戦車・航空機は、圧倒的に日本が劣勢でした。しかしソ連は、兵力・兵器を独ソ戦に振り向けなければならないため、極東ソ連軍は縮小していくと予想されました。

対ソ開戦に至った場合、日本は一気に極東ソ連軍を撃破する必要があります。でなければ対ソ戦が失敗するだけでなく、南方武力行使も困難になるからです。したがって、緒戦の勝利は日本にとって絶対条件で、そのためには師団数のみならず、戦車・航空機の比重が決定的に重要だったわけです。

以上のことから、対ソ武力発動には二つの要件、すなわち八月上・中旬までの開戦決定、極東ソ連軍の減少が求められました。

七月五日、総兵力八五万人の本格動員実施が陸軍内で決定しますが、武藤章軍務局長はソ連軍が早期に降伏する可能性は低いとみて、この計画に消極的でした。ところが田中は、武藤が眼病治療で欠勤中に東条英機陸相に直接掛け合い、決裁を得るのです。

しかし、事態は田中の思うようには進みませんでした。七月中旬の段階で、ソ連が極東から西方に移送した兵力は五個師団程度で、これは開戦前の約二割にすぎません。戦車・航空機も、全体の三分の一程度にすぎませんでした。

当時、ソ連の対独戦線はきわめて厳しい状況にありました。ドイツ軍の空陸奇襲に加えて、装甲師団群の機動戦により大敗を喫するなど、苦戦を強《し》いられていたのです。装甲師団とは、戦車部隊を中心に自動車化された歩兵・砲兵など多種兵科によって構成された部隊（師団規模）のことで、スピーディーな移動を可能にし、当時のソ連や日本には存在しませんでした。

ソ連が対独戦で苦戦しているにもかかわらず、兵力の移送を抑えていたのは、日本の参戦を強く警戒していたからです。

それでも田中は計画を断念せず、なお東条陸相と協議し、八月一〇日頃までに対ソ武力行使を決定するつもりでいました。ところが八月九日、参謀本部は年内の対ソ武力行使断念を決定します。それは、独ソ戦の情勢がもたらしたものではなく、アメリカの日本に対する石油の全面禁輸（八月一日）によるものでした。

南部仏印進駐

アメリカが日本への石油全面禁輸に踏み切った経緯をたどるために、時計の針をすこし戻します。

大島浩駐独大使からの「独ソ開戦確実電」直後の一九四一年（昭和一六年）六月一〇日、陸海軍間で「南方施策促進に関する件」が合意され、二五日の大本営政府連絡懇談会で決定します。その内容は、仏印との間で軍事的結合関係を設定するため南部仏印に進駐し、外交交渉で仏印が要求に応じない場合は武力行使するというものです。

前章でふれた四月の「対南方施策要綱」では、英米不可分の判断から南部仏印進駐は武力ではなく外交によって平和的におこなうとしていました。それが、この段階で武力行使容認へと変わったのはなぜでしょうか。

それは、国際情勢ではなく、国内事情によるものです。肝心の松岡洋右外相が交渉に着手しなかったからです。対英米戦回避派の松岡は、南部仏印進駐は英米を刺激して英米戦を誘発するとして、進駐するなら武力行使の決意が必要と主張します。その決意ができないなら、交渉はしないと首を縦に振らなかったのです。松岡は陸海軍に対し、対英米戦の覚悟はあるかとせまったわけです。これは、対英米戦を回避したい軍部に対し、政局の主導権を握ろうとした、つまり外交交渉を人質に取って、先手論を展開したのです。

そのため、南部仏印進駐を急ぐ陸軍は、松岡をフランスとの交渉につかせるために、やむをえず武力行使もありうるとの方針を決定します。この時、ゴム・錫《すず》・亜鉛などの重要資源確保と、南方作戦に向けた軍事基地獲得のため、陸軍は南部仏印進駐をあせっていたのです。

こうして南部仏印進駐における武力行使が容認されました。その後、日本はフランス政府に対し、南部仏印進駐を要求するとともに、同意・不同意にかかわらず、武力を用いても進駐を開始することを伝達。数日後、フランスから進駐の受諾を得ると、七月二八日、進駐を開始します。

日本軍は早速、現地で航空基地や港湾施設の建設に取りかかりますが、これによって日本はアジアにおけるイギリス最大の軍事基地シンガポールを空爆圏内にするとともに、南方作戦のための艦隊基地を獲得したことになります。

これが南部仏印進駐に至る経緯ですが、松岡のためにやむをえず決定した武力行使容認は、アメリカが石油全面禁輸に踏み切る口実を与えることになります。

石油全面禁輸へ

戦後、ＧＨＱが日本人向けに出版した『太平洋戦争史』（連合軍総司令部民間情報教育局資料提供）にも、日本がイギリス・オランダの領地を侵略しようとしたので、石油を止めたと書かれています。この石油全面禁輸をもたらした南部仏印進駐が日米開戦の大きな契機となりました。しかし、開戦の直接の理由ではありません。順を追って説明していきましょう。

日本が南部仏印進駐を開始する直前の一九四一年（昭和一六年）七月二四日、アメリカのルーズベルト大統領は野村吉三郎駐米大使に、仏印からの日本軍撤退を勧告し、仏印の中立化を提案します。ルーズベルトはこの時、国内の強硬な対日世論のため、やむなく石油全面禁輸に踏み切らざるをえない状況となる可能性を示唆しています。さらに日本が蘭印の石油獲得に向けて武力侵攻すれば、イギリスは蘭印を援護するため対日戦を覚悟しており、その場合はアメリカも日本に武力行使する可能性があると警告しています。

つまり、蘭印武力行使は対英米戦を意味するということです。今日《こんにち》、日本は石油資源のある蘭印にだけ武力侵攻してアメリカとの戦争を回避すべきだったと指摘されることがありますが、それはありえないことがわかります。

このルーズベルトの勧告に対して、日本は仏印からの撤退を拒否、仏印の中立化案を受け入れませんでした。すると、アメリカ政府は在米日本資産の凍結を発表し、これに続いてイギリス・オランダ・蘭印当局も同様の措置を発表するのです。

さらに八月一日、アメリカ政府は日本への石油輸出制限強化を発表します。具体的には、石油輸出限度を原油・低質ガソリンなどについては日中戦争前の一九三五～一九三六年度と同量とし、輸出許可証および凍結資金解除証を発行する。それ以外の物資輸出は原則、全面的に不許可というものです。

この段階では、まだ全面禁輸ではありません。しかし、輸出許可証と凍結資金解除証は発行されず、石油輸出が事実上全面的にストップしました。陸海軍は、これを全面禁輸と受け止めます。ちなみに、それまで日本は石油の必要量の約七五パーセントをアメリカから、残りを蘭印と北樺太から輸入していましたが、蘭印はすでに日本軍の進駐開始とともに対日石油供給を差し止めていました。したがって、アメリカの石油全面禁輸は実質的に石油の供給途絶を意味し、日本にとってきわめて重大な事態となりました。

これにより北方武力行使は延期、田中新一ら参謀本部は石油獲得のため南方武力行使、すなわち対米英開戦を決意します。石油の全面禁輸措置が取られた場合、南方武力行使を実施することは、前述のように「対南方施策要綱」で決定済みです。

日米開戦の真の原因

陸軍首脳部も内閣も、この段階でアメリカが石油の全面禁輸措置に出ることをまったく予想していませんでした。石油の全面禁輸をすれば日本と戦争になることはアメリカも承知しており、日本としては、対独参戦を目前にして、そこまではやってこないだろうと踏んでいたのです。

また、全面禁輸に出るにしても、それまでにもうワンクッションあると陸軍はみていました。というのは、この段階ではまだ英領に侵入しておらず、また、シンガポールをはじめとする英領に侵攻するには南部仏印から直接は無理で、タイを経由する必要があったからです。そのため日本としては、まだタイに入っていない段階でアメリカが日米開戦を意味する全面禁輸に出るとは考えていなかったのです。

では、なぜアメリカは全面禁輸に踏み切ったのでしょうか。

一般的に、南部仏印進駐を実施した日本に対して、さらなる南方進出を抑制するためと考えられています。しかし、これは誤りです。なぜなら、ルーズベルト大統領とハル国務長官は、石油の禁輸は日本の南方武力行使を誘発すると考え、政府内の対日強硬派が主張する石油禁輸論には反対だったからです。

事実、ルーズベルトは一九四一年（昭和一六年）七月二四日の閣議で、日本への石油輸出を継続するよう指示しています。ハルも、日本の南部仏印進駐の動きに対して戦争に巻き込まれない限度において対策を講ずるよう指示しています。

アメリカの戦略はドイツ打倒優先であり、日本については対日戦を回避し、さまざまな牽制策によって戦争にならない範囲で日本の軍事的膨張を抑止しようと考えていました。それゆえ、八月一日に発表された対日石油輸出制限強化は即時全面禁輸ではなく、日本のさらなる南進防止への警告的意味をもつものだったわけです。

それが、全面禁輸状態になったのは、輸出許可証や凍結資金解除証を発行する政府委員会の構成メンバーで対日強硬派のモーゲンソー財務長官・イッキーズ内務長官・アチソン国務次官補らの判断により、それらを発行しなかったからです。

ルーズベルトやハルが全面禁輸状態となっていることを知るのは、九月上旬でした。その間、ルーズベルトはチャーチル英首相との大西洋会談に臨んでおり、ハルは転地休養後でしばらく政務についていませんでした。しかし、二人は全面禁輸状態を知ると、これを容認します。ルーズベルトが、自分の指示に反したことを閣僚らが勝手にしたにもかかわらず、それを容認したのはなぜでしょう。

それには、欧州情勢が大きく影響しています。ルーズベルトは独ソ戦でソ連軍が危機的状況に陥っていることを知ると、ソ連が対独講和を結ぶことを恐れて急遽、対英支援用の軍需物資を対ソ援助に振り替えます。同様の危機感から、イギリス政府もこれを了承します。

八月三〇日、ルーズベルトは陸海軍長官に、ソ連に対する適切な軍需品供給はアメリカの安全保障にとって最高の重要性をもつと指示します。これに先立つ七月末、彼は側近のホプキンス前商務長官をソ連に派遣。その報告により、対ソ全面援助を決定していました。

八月末、ドイツ軍はモスクワにせまり、アメリカはいよいよ危機感をつのらせます。もしソ連が降伏すれば、ドイツは再びイギリス本土侵攻に向かいます。その攻撃は前年よりはるかに強力なものが予想されます。なんとしてもソ連にもちこたえてもらわないといけない。

そのような状況下で、日本は「関特演」によりソ満国境へ大動員しました。対独戦で苦境にあるソ連軍が、極東から日本軍の攻撃を受ければ、ソ連にとって最悪の事態に陥ります。それはアメリカの安全保障上、許容しえない状況です。

つまり、アメリカが日本への石油全面禁輸に踏み切ったのは、日本の対ソ攻撃を阻止するためだったのです。石油の供給が止まれば、日本は石油を求めて南方に向かわざるをえない。アメリカは、日本の南進よりも北進に強い危機感をもっていました。アメリカは対日戦争を覚悟してまでも日本の北進を阻止し、ソ連崩壊を止めたかった。すなわち、関特演こそ、日米開戦を引き起こした直接の原因なのです。

アメリカの日本に対する石油の全面禁輸を、ほとんどの陸海軍関係者は想定していませんでした。戦後に書かれた彼らの回想録にも、「まさかここでアメリカが開戦を決意するはずがないと思った」と振り返っています。日本の指導者たちは、アメリカがソ連を助けるために日米戦争の危険を冒すとは考えられなかったのです。

ルーズベルトは、対日強硬派閣僚らによってなされていた実質的な全面禁輸を知る直前の一九四一年（昭和一六年）九月上旬、助けを求めるスターリンの書簡をチャーチル経由で受け取っています。そこには、ソ連が敗北の危機にあることを訴えたうえで、ドイツの背後、すなわち西側に第二戦線をつくってほしいと書かれていました。このスターリンの

SOSが、ルーズベルトに対日全面禁輸を容認した理由ではないかと思われます（ウォルドー・ハインリックス「『大同盟』の形成と太平洋戦争の開幕」細谷千博ほか編『太平洋戦争』）。

アメリカの対日石油全面禁輸は日本を南進させ、ソ連に向けられていた脅威を取り除いたわけですから、スターリンの求めた第二戦線の役割をはたしたといえます。

幻の日米首脳会談

アメリカの措置に衝撃を受けた近衛文麿首相は、日米開戦回避のため、ルーズベルトとの会談を企図します。前述の通り、「日米諒解案」をめぐる日米交渉は、日本の南部仏印進駐に反発したアメリカから打ち切りを通告されており、この交渉ルートはすでに消滅しています。そこで、首脳同士で直接会談することを考えたわけです。

近衛の意図は、中国からの撤兵や三国同盟の破棄など思い切った対米譲歩によって、ルーズベルトと合意することでした。しかし、アメリカへの大幅な譲歩は軍部の反発を呼ぶことが予想されたため、譲歩案を陸海軍抜きで直接、昭和天皇の裁可を受けて国策として決定させ、それを陸海軍に事後承諾させることを考えます。いわば、非常手段です。これに、木戸幸一内大臣も同意し、そのために必要な宮中工作を約束しています。

大西洋会談／ルーズベルト米大統領(前列左)とチャーチル英首相(同右)は1941年8月9〜12日、カナダのニューファンドランド島沖で会談した。写真は、英戦艦プリンス・オブ・ウェールズ艦上

近衛はそれまで、基本的には陸軍と同一路線でしたが、対米戦に関しては異なり、絶対回避の意向でした。

一九四一年（昭和一六年）八月八日、近衛の主導により、日本は日米首脳会談をアメリカ側に提案しますが、ルーズベルトはその頃チャーチルと大西洋会談をおこなっていました。チャーチルはアジアでのアメリカの軍事的コミットメントを要請しますが、ルーズベルトは同意せず、日本に対してはその対英開戦まで三カ月程度の時間稼ぎをすると返答しています。

九月三日、アメリカ政府は、日米首脳会談に先立ち、これまでの懸案事項について事前に日米間で一定の合意が必要だという回答をします。

こうなると、軍部を除くことは不可能ですから、この時点で近衛の意図したかたちでの日米首脳会談は消滅します。ただし、首脳会談の前提である一定の合意についての日米交渉は継続することになりました。

海軍の国策案「帝国国策遂行方針」

アメリカの石油全面禁輸を受け、陸海軍は早急に新たな国策の立案にせまられます。

陸軍では、田中新一作戦部長ら参謀本部は、石油全面禁輸により対ソ戦を優先的におこなうことはできないと判断し、北方武力行使の延期を決定。そして「南方作戦構想陸軍案」をまとめ、一九四一年（昭和一六年）一二月初旬に開戦し、翌年五月までにマレー半島ほかの英領植民地・米領フィリピン・蘭印を攻略するとしました。

いっぽう、武藤軍務局長ら陸軍省は参謀本部の即時開戦論には同意せず、南方武力行使には慎重な姿勢を取ります。できる限り外交の余地を残し、日米交渉によって事態の打開をはかろうとしたのです。こうして、陸軍省と参謀本部は、戦争決意をめぐって対立することになります。

陸軍に対し、海軍は「帝国国策遂行方針」を提示します。これは、海軍がはじめて手がけた国策案です。それまで国策案は陸軍が起案し、海軍が修正を加えるかたちで決定されてきましたが、はじめて海軍が自主的に作成したのです。その内容は、一〇月中旬を目途として戦争準備と外交を並進させ、一〇月中旬に至っても外交的妥協が成立しない場合は、「実力発動」の措置を取るとしました。「実力発動」として、「開戦」としないところに含みが感じられます。

この海軍案の提示を受け、武藤軍務局長と田中作戦部長の話し合いがおこなわれ、次のような「帝国国策遂行要領」陸軍案が決定します。——対米英蘭戦争を決意して一〇月下旬を目途に戦争準備を整え、この間、対米英外交をおこない、手段を尽くして要求貫徹に努める。そして九月下旬に至っても要求が貫徹しえない場合は、ただちに対米英蘭開戦を決意する——。要は海軍案をベースに、田中の即時開戦論と武藤の外交重視論の双方を取り入れたわけです。

陸軍案が戦争準備の目途を一〇月下旬としたのは、参謀本部が戦争開始時期を一一月はじめと想定していたからです。参謀本部では、日米海軍戦力比率の推移や北方の安全が見込める冬季であること、マレー半島攻略の季節的条件などを勘案して、開戦時期を一一月はじめとしていました。

ここで、日本の対米艦艇比率をみておきましょう。一九四一年（昭和一六年）時点では対米七割五分ですが、一九四二年は六割五分、一九四三年は五割、一九四四年は三割程度になるとみられていました（陸海軍・政府の推定）。アメリカの大規模な軍備拡張により、その差は急速に広がることが予想されていたわけです。

海軍は対米艦隊決戦において互角以上の戦果を収めるには、対米七割が必須と判断しており、七割を切る一九四二年（昭和一七年）以降の開戦はありえない選択でした。日米戦争は海上での戦いが主となりますから、艦隊決戦での敗北はそのまま対米戦の短期敗北を意味します。艦隊決戦で勝利して南方の資源を確保すること。これが、対米戦を継続する前提条件だったのです。

こうしたことを踏まえて一九四一年（昭和一六年）八月二七日、陸海軍合同の部局長会議が開かれます。その席で、陸軍の田中作戦部長は次のように発言します。

「九月下旬に至って要求が貫徹できない場合は、外交を打ち切って開戦を決意すべきだ。できれば対米戦は回避したいが、アメリカの石油全面禁輸により、一定の時期までに対米交渉が不調に終われば、開戦せざるをえない」

強硬派で知られる田中も、対米戦の回避を考えていたことがわかります。

いっぽう、海軍の岡敬純《おかたかずみ》軍務局長は、仮に対米交渉が決裂しても、すぐに開戦を決意するのではなく、欧州情勢をみて決めるべきと主張します。海軍は、交渉失敗の場合の態度が明確に定まっていないことは、前述の「実力発動」からも明らかです。

ただし、九月三日の大本営政府連絡会議では、海軍の永野修身《ながのおさみ》軍令部総長は、日米開戦になった場合の見通しとして、次のように述べています。

「戦争は長期戦になるが、アメリカを直接屈服させる手段はない。したがって、ドイツの対ソ戦勝利、イギリス本土侵攻など国際情勢の変化を利用して、アメリカの戦意を喪失させるほかない。日本は先制攻撃により必要物資と戦略要地を確保し、長期戦の態勢を整える必要がある」

永野修身(1880〜1947年)

こうして、「帝国国策遂行要領」陸海軍案は正式決定され、これを政府も了承。九月六日には、御前会議で裁可されました。その席で、昭和天皇が明治天皇の御製《ぎょせい》「よもの海　みなはらからと　思ふ世に　など波風の　たちさわぐらむ」を読みあげたことはよく知られています。

このあと、武藤軍務局長は同局の主要メンバーに「陛下のご意思は、外交による妥結だ」と伝え、日米戦争は日本の自殺行為として、あくまで外交交渉を成立させる必要性を説いています。武藤は、強大な国力をもつアメリカとの戦争は「社稷《しやしよく》（国としての存在）」を危うくするとの認識に立ち、一〇月上旬までの期限を設定された日米交渉に全力で取り組もうとしていました。

これに対して、田中作戦部長ら参謀本部は、日米交渉は妥結の見込みなしと判断、対米開戦を決意していました。すなわち、日米交渉は開戦意図を秘匿する形式的なものととらえていたのです。

東条英機の迷い

一九四一年（昭和一六年）九月二五日、日本はアメリカ政府に「総合了解案」を提出します。これは前述の、近衛文麿首相がもちかけた日米首脳会談をめぐり、アメリカ側回答で事前合意が必要とされた問題についての提案です。合意すべき事項については、ハル国務長官より「特定の根本問題」として三つ挙げられていました。以下に、その問題と日本がアメリカに提示した案を示します。

①三国同盟問題：同盟の解釈と実施は、日本が自主的にこれをおこなうものとする。したがって、アメリカが対独参戦しても日本が自動参戦するとは限らない。
②中国撤兵問題：一定地域において、日本軍および艦船を所要期間駐屯させる。それ以外は、事変解決にともない撤兵する。
③通商無差別問題：各国の通商関係に差別を認めないとする方針には原則的に同意する。ただし、重要国防資源の利用開発を主とする日中経済提携はおこなう。

これに対し、一週間後の一〇月二日、アメリカ政府より回答がありました。具体的には、①三国同盟問題は、日本の姿勢を評価しながらも、より明確な非参戦の回答を要求しています。②中国撤兵問題は、中国に軍隊を駐屯させることは容認しえないとして、仏印および中国からの「一律撤兵」をせまっています。③通商無差別問題は、日中間の地理的条件による経済的特殊関係は認められないとしました。

この回答を受けて一〇月五日、近衛首相と東条英機陸相は会談をおこないます。東条は、アメリカの求めているのは中国からの撤兵と実質的な三国同盟離脱であり、日本としてはどちらも譲れないと主張します。対して近衛は、中国駐兵が最大の焦点であることから、アメリカの求める「一律撤兵」を原則的に受け入れたうえで、資源保護などの名目で若干駐兵させることにしてはどうかと提案します。しかし東条は、それでは「謀略」になり、後害を残すとして容認しませんでした。

同日におこなわれた海軍首脳部会議では、「撤兵問題のみで日米が戦うのは馬鹿げている」「条件を緩和してでも外交交渉を続けるべき」「原則的には撤兵とし、治安維持のできたところから撤兵する」といった意見が出され、交渉継続や条件緩和が近衛首相に進言されています。

注目されるのは、一〇月七日におこなわれた陸海相会談です。及川古志郎《おいかわこしろう》海相は、九月六日の大本営政府連絡会議で決まった一〇月五日までとする開戦決定時期の延長を要請します。東条から勝利の自信はどうかと聞かれると、「それはない」と返答し、この発言はこの場限りのことにしてほしいと頼んでいます。海軍のトップがアメリカに勝つ自信がないと明言したわけです。

この発言に、東条は九月六日の御前会議決定を見直す必要があるのではないかと考えます。翌日、東条は及川に次のように述べます。

「支那事変にて数万の生霊を失い、みすみす之《これ》［中国］を去るは何とも忍びず」

この発言は、日米開戦前の東条の強硬な態度を示すものとしてよく引用されますが、実はこのあとに続きがあります。それが「ただし、日米戦とならばさらに数万の人員を失うことを思えば、撤兵も考えざるべからざるも、決しかねるところなり」です。

つまり、東条は迷っていたのです。対米戦が国家総力戦になることを十分に承知している東条は、国力差一二倍といわれた強大国アメリカとの開戦の重圧に動揺していました。東条は――対米戦は海軍主力の戦争であり、海軍が対米戦に自信がなければ事実上、開戦できない。そうであるなら、先日の御前会議決定を白紙に戻し、責任者はすべて辞任するしかない――とも発言しています。

及川古志郎（1883〜1958年）

一〇月一二日、近衛・東条・及川に豊田貞次郎《とよだていじろう》外相・鈴木貞一企画院総裁を加えた五相会議がおこなわれます。

中国撤兵によって日米交渉の妥結をはかることを主張する近衛・及川・豊田に対し、東条は「妥結の見込みなし。アメリカに妥協する意志はない」と突っぱねます。及川が「現在、外交で進むか戦争かの岐路にある。その決は総理が判断すべきもの」と発言すると、東条は「総理が決心しても統帥部が同意しなければ不可能。外交に確信があるなら戦争はやめる。だが確信がなければ、総理が決断しても同意はできない」といいます。ここで、近衛が「外交でおこなう。私は戦争に自信がない」と口にすると、東条は「これは意外だ。それは『国策遂行要領』を決定する時に論ずべき問題だ。駐兵問題は陸軍としては一歩も譲れない」と態度を硬化させるのです。

近衛と東条はこれで決裂したことになります。東条は近衛と対立して感情を悪化させ、すっかり硬化してしまいました。

二日後の閣議では、豊田外相の「中国撤兵で譲歩すれば日米交渉の見込みはある」との発言に対し、東条は「撤兵は心臓だ。米国の主張に屈すれば、支那事変の成果は壊滅する。満州国をも危うくなり、朝鮮統治も動揺する。満州事変前の『小日本』に戻ることになる。それは容認できない」と反論します。

東条は閣議後、杉山元参謀総長ら参謀本部首脳に「陸軍は引導を渡した」といっており、近衛・豊田・海軍への歩み寄りはありませんでした。

こうして、第三次近衛内閣は閣内不一致により、一〇月一六日に総辞職となります。近衛は、それまで親密だった陸軍のラインから離れることになりました。内大臣の木戸幸一は、近衛が去ったあとも陸軍と同調・協力関係を維持し、政治的影響力を保ちます。

内閣総辞職の日、東条は木戸に「すでに決まった国策がそのままやれるかどうかを考えるほかはない」といっており、国策再検討の必要性を明かしています。

嶋田海相の開戦容認

一九四一年（昭和一六年）一〇月一七日、後継首班候補を決める重臣会議が開かれ、木戸幸一内大臣は東条英機を推薦します。

木戸は同会議で、東条が九月六日の御前会議決定は「癌《がん》」であり、海軍の決意なくして戦争は不可能だといっているとして、御前会議決定を一度白紙に戻して再検討の必要があると述べています。つまり、事態の経緯を十分に知り、御前会議決定に問題ありとする東条を首相にして、日米戦を回避しようとしたのです。

同日、東条への大命降下がなされ、東条内閣が誕生します。首相兼陸相兼内相に東条、海相に嶋田繁太郎《しまだしげたろう》、外相に東郷茂徳《とうごうしげのり》が就任しています。東条は早速「帝国国策遂行要領」の再検討を指示し、大本営政府連絡会議で議論が重ねられました。焦点は、対米交渉条件の緩和でした。八日間にわたる会議で合意したのは次の四点です。

①三国同盟の問題について、参戦決定は日本が自主的におこなう。
②主権尊重、太平洋の現状維持などの「ハル四原則」は、これを認める。
③通商無差別原則の問題は承認する。特恵的な日中経済提携の主張はおこなわない。
④中国における駐兵については蒙彊《もうきよう》・華北・海南島《かいなんとう》に限定し、駐兵期間は二五年間。
それ以外は二年以内に撤兵する。

中国駐兵問題を除けば、実質的にアメリカ側の主張を受け入れていることがわかります。これが、「甲案」とされました。

ところが、大本営政府連絡会議の最終日、嶋田海相から予想外の発言がなされます。対米戦に自信がないとしていた海軍が、開戦容認を表明したのです。会議の空気から大勢を動かすことは困難と判断したというのですが、直前に会った前軍令部総長の伏見宮博恭王から「すみやかに開戦せざれば戦機を逸す」と勧告され、開戦を決意したといわれています。

海軍の軍令部総長を務めた皇族の伏見宮は、陸軍の参謀総長を務めた閑院宮載仁親王とともにお飾り的存在とみられてきましたが、実際は、それ相応の発言力や影響力をもっていたとする説が近年、強まっています。

とはいえ、海軍では沢本頼雄《さわもとよりお》次官・岡敬純軍務局長・伊藤整一《いとうせいいち》軍令部次長・福留繁《ふくとめしげる》作戦部長と、首脳部はみな開戦に慎重であり、永野修身軍令部総長は、開戦か避戦かは海相判断を尊重する立場を取っていました。つまり、伏見宮を除くと開戦容認派は嶋田一人です。海軍の場合、陸軍よりも組織統制が取れており、下の者は上の方針に従う風土があります。そのため、嶋田海相の一言で一転して開戦容認になってしまいました。

この海軍の方向転換は、東条ら陸軍首脳部や木戸を内心あわてさせたと思われます。対米戦は回避したいという淡い期待が打ち砕かれたからです。

伏見宮博恭王（1875〜1946年）

ハル・ノート

よくいわれるような、陸軍は好戦的だからアメリカ相手に無謀な戦争を始めた——との見方は正しくありません。陸軍は南方資源獲得のため、対英戦の覚悟はしましたが、内閣や海軍同様、対米戦を避けることを望んでいました。

陸軍中枢を占めていた統制派は、国家総力戦論者の集まりです。ですから、日本の一二倍の国力をもつアメリカと戦争をすることは無謀であることを十分に承知していました。

しかし、これまで陸軍が軍事と政治をリードしてきた経緯から、今になって自分たちの口から対米戦をやめたいとはとてもいえない。だから、対米戦争の主役となる海軍が「ノー」といってくれることを期待したわけです。その海軍が突然、開戦を容認した。それまで、海軍は「欧州情勢を見て判断する」としたり、「実力発動」という曖昧《あいまい》な言葉でお茶を濁したりして、対米戦への態度をはっきりさせてきませんでした。それが、この段階になって開戦容認を表明した。こうなると、陸軍は前へ突き進むしかありません。

一九四一年（昭和一六年）一一月一日、大本営政府連絡会議の結論として、日本の提案が受け入れられない場合は対英米戦争を決意し、開戦は一二月初頭、外交期限は一二月一日〇時までとすることが決まります。その後、東郷茂徳外相より、前記の提案「甲案」とは別に、「乙案」が提起されます。それは、暫定的な措置として次の二点を盛り込んだものでした。

①日本が南部仏印から撤退し、その代わりにアメリカは日本に石油を供給する。

②両国は蘭印における物資獲得に相互に協力する。

これが出席者の承認を得て、一一月二日、大本営政府連絡会議は新「帝国国策遂行要領」を採択します。そこには、現下の危局を打開するため、対米英蘭戦争を決意し、以下の措置を取るとしています。

①武力発動の時期を一二月初頭と定め、陸海軍は作戦準備を完成する。
②対米交渉は、別紙要領（甲案、乙案併記）によりおこなう。ただし、対米交渉が一二月一日〇時までに成功すれば、武力発動を中止する。

この新「帝国国策遂行要領」（甲案・乙案を含む）は、一一月五日の御前会議で正式決定され、アメリカ政府に甲案→乙案の順に伝えられました。

アメリカの回答、いわゆる「ハル・ノート」が来たのは一一月二六日です。それは事実上、日米交渉を拒絶するものでした。すなわち、中国と仏印からの無条件全面撤兵、および三国同盟義務からの離脱の要求です。

これを受けて、日本は一二月一日の御前会議で対英米戦争を決定。一週間後の一二月八日、太平洋戦争が始まるのです。

では、もし嶋田繁太郎海相が開戦容認を表明しなかったら、どうなっていたでしょうか。おそらく開戦は引き延ばされ、そうするうちにドイツがソ連軍の反撃によって劣勢に立たされ、その結果、日本は開戦のタイミングを失っていた可能性があります。

日米和解を破砕したチャーチル

本章最後に、日米開戦に至る日米双方の思惑を考えてみましょう。まず、なぜアメリカは日本側提案を受け入れなかったのか。

実は、アメリカは東郷茂徳外相が提起した乙案に関心を示していました。対独戦を優先させたいのと、米領フィリピンなどの戦力増強のために時間的猶予がほしかったからです。実際、国務省は乙案の通り、南部仏印からの撤退とともに、北部仏印の日本軍兵力を二万五〇〇〇人以下とすることで、両国の経済関係を南部仏印進駐以前、すなわち日本の資産凍結以前の状態に戻す旨の「暫定協定案」を作成しています。

また、ハル国務長官は口頭で野村吉三郎大使らに、石油禁輸などの経済制裁を三カ月間解除し、さらに延長条項を設ける暫定協定案を示唆します。この暫定協定案は、関係国であるイギリス・オランダ・中国などに内示されました。

すると、中国の蒋介石政権は、抗戦意欲にダメージを与えるとして強硬に反対します。日米が手を結ぶことで、アメリカに見捨てられると考えたのです。しかし、アメリカは中国のために日本と戦争をするつもりはないので、中国の反対だけなら、暫定協定案を決定した可能性が高かったでしょう。ところが、蒋介石に同調する人物がいました。イギリスのチャーチル首相です。実はチャーチルが反対したことで、ルーズベルトは暫定協定案を取りやめたのです。順を追って説明します。

日米会談／1941年11月17日、ルーズベルト大統領との会談に向かう野村吉三郎《のむらきちさぶろう》駐米大使（左）、ハル国務長官（中央）、来栖《くるす》三郎《さぶろう》特派大使（右）

仮に、アメリカが中国の反対を押し

切って日本と和解したとします。それはいわば中国を犠牲にするかたちで日本と手を結ぶことであり、中国は見捨てられたと考えます。それを知ったソ連は、次は自分たちが見捨てられるのではないかと疑念を抱き、ドイツと講和を結ぶ可能性があります。これを、ルーズベルトは危惧したのです。

ルーズベルトの危惧が現実になりかねないほど、独ソ戦は危機的でした。一九四一年(昭和一六年)一〇月中旬、ドイツ中央軍集団がモスクワ近郊にせまるなか、ソ連は首都機能をモスクワ東方のクイビシェフに移設。北方からは第三装甲軍の第七装甲師団がモスクワから三五キロのヴォルガ・モスクワ運河の対岸まで進み、北西からは第四装甲軍の第二装甲師団がモスクワまで二〇キロばかりの、市街の尖塔を遠望する地点まで進攻していました。

ソ連がドイツに屈するかたちで単独講和をおこなうことをもっとも恐れたのが、チャーチルです。ソ連が降伏すれば、ドイツ軍の全勢力が再び、しかも前回を上回る規模でイギリス本土に向けられるからです。イギリスが崩壊したら、アメリカの国際的孤立は避けられず、安全保障を脅《おびや》かす事態となります。

ゆえにルーズベルトは、暫定協定案の放棄を望むチャーチルに同意し、日本の提案を受け入れなかったのです。

陸軍が中国駐兵にこだわった理由

続いて、日本側です。日米戦を回避したかった陸軍が中国駐兵に固執した理由について考えてみましょう。

武藤章軍務局長は、日米開戦回避のためには、中国からかなりの程度の撤兵はやむなしと考えていました。それについて、東条英機首相に説明し、ほぼ了承を得ていました。独ソ開戦以後、ドイツと距離をおいたほうがいいと考える武藤にとって、日米戦回避は最重要課題です。最終的には、中国撤兵について、甲案よりも譲歩する考えをもっていました。

それがハルの回答により、交渉の道を断たれたわけですが、それならば、なぜもうすこし早い段階で、中国からの全面撤兵に踏み切らなかったのか。あるいは、東条陸相や田中新一作戦部長を説得しなかったのか。

武藤は、華北や内蒙古の資源確保とそのための駐兵を重視していました。それは、武藤が強い影響を受けた永田鉄山が、次期世界大戦用の資源として重視していたからだと思われます。武藤にとって日中戦争は、永田の遺志である華北分離工作を受け継ぐものでした。したがって、中国からの全面撤退とそれにともなう資源の放棄は、永田から引き継いだ、一夕会結成以来の日本陸軍の営為がすべて無《む》に帰することを意味します。それは、どうしても譲れない一線だったのです。

日米開戦がいよいよ現実になってきた段階で、武藤は中国撤兵について譲歩する考えをもちますが、それまでは、日米戦回避に最後まで力を尽くした武藤といえども、そこまでは踏み切れなかった。そして、東条・田中を説得する覚悟をもちえなかったと理解すべきでしょう。

東条は武藤にいわれて軟化していますが、もともと華北・内蒙古の駐兵を固守することにおいては、武藤よりもはるかに強硬でした。そんな東条の強硬姿勢によってもたらされた犠牲は、あまりにも大きかったのです。

1944年8月、皇居で開かれた
最高戦争指導会議に臨席する昭和天皇

終章

聖断

——昭和陸軍の終焉と日本の限界

開戦

前章まで、日米開戦に至る昭和陸軍の転換点をみてきました。終章では、昭和陸軍の終焉と、現在の日本にも通じる「国家の特質と限界」を考察します。

一九四一年（昭和一六年）一二月八日、日本軍はハワイ真珠湾《しんじゆわん》を奇襲、同時にマレー半島に侵攻します。太平洋戦争開戦です。これに先立つ一〇月、陸海軍は「対米英蘭戦争指導要綱」を決定していました。内容は、次のようなものです。

一、戦争は「先制奇襲」によって開始し、東アジア・西太平洋の米英蘭の根拠地を覆滅する。戦争は長期の持久戦になることが予想され、重要資源地域・主要交通網を確保し、「長期自給自足」態勢を整える。その間、アメリカ海軍を適時誘いだし、撃滅する。

二、白人から「東亜諸民族」を解放する。彼らに「大東亜共栄圏」の建設を呼びかけ、その協力を求める。

三、南方戦争の間は極力、対ソ戦争を避け、できれば独ソ間の講和をはかる。

四、米国を直接屈服させることはできないため、独伊と提携して英を屈服させ、米国の継戦意志を喪失せしめる。戦争終結の機会は、「英本土の没落」「独ソ戦の終末」（ドイツ勝利）などの時期をとらえる。

一一月一五日、大本営政府連絡会議は、この四項目を踏まえて「対米英蘭蔣戦争終末促進に関する腹案（以下、「戦争終末促進に関する腹案」）」を決定します。そこには、反撃してくるアメリカ海軍を各個撃破、戦争を持久し、イギリスの屈服によってアメリカの戦意を喪失させる、と記されています。つまり、太平洋戦争終結のポイントはイギリスの降伏だったのです。よく陸軍は戦争終結の見通しをもっていなかったといわれますが、一応の戦争終結方針を立てていたのです。

開戦後、日本軍は翌一九四二年（昭和一七年）二月までに、シンガポールなどイギリス植民地を占領します。その後も三月に蘭印を、四月にフィリピンを、五月に英領ビルマを占領します。三月七日、大本営政府連絡会議で第一回「今後採るべき戦争指導の大綱」が決定していますが、ここで、陸軍と海軍で方針の違いが明確になります。

海軍では、真珠湾攻撃の大勝により早期決戦論に傾斜するとともに、連合艦隊司令長官山本五十六《やまもといそろく》および幕僚たちの発言力が強まりました。彼らは早期決戦・早期講和を志向していました。結局、海軍は攻勢作戦を続行してアメリカ海軍に決定的な打撃を与え、それによる早期講和を結ぶ方針を打ち出します。

いっぽう陸軍は、日本が短期決戦を挑んでも、国力において優位に立つアメリカを屈服させることは不可能で、長期持久戦となることは避けられないと主張します。そして、イギリスを屈服させない限り、アメリカの継戦意志を喪失させることはできず、対米講和の可能性はないとして、「戦争終末促進に関する腹案」の方針を踏襲します。

結局、陸軍と海軍の方針が分かれたまま、陸軍の長期持久戦態勢整備論と海軍の積極的攻勢論を併記して「今後採るべき戦争指導の大綱」が決定するのです。

武藤章と田中新一の解任

一九四二年（昭和一七年）六月五日、ミッドウェー海戦において、日本は正規空母四隻（赤城《あかぎ》・加賀《かが》・飛龍《ひりゆう》・蒼龍《そうりゆう》）を失います。それまで日本の正規空母は六隻。うち一隻（翔鶴《しようかく》）はミッドウェー海戦直前の珊瑚海《さんごかい》海戦で大破していますから、一隻（瑞鶴《ずいかく》）のみとなりました。正規空母以外に、軽空母も保有していましたが、これは商船を改造したもので、防衛力も戦闘力も正規空母とは比較になりません。したがって、この時点で、短期決戦方針だった海軍の攻勢作戦は事実上不可能になりました。

その二カ月前の四月、陸軍中央で重要な動きがありました。武藤章軍務局長が解任されたのです。

武藤はかねてより、長期となる国家総力戦の遂行には強力な政治指導が必要であり、そのためには内閣は広い国民層を基盤としなければならないと考えていました。東条英機首相は陸軍のトップですが、陸軍は官僚組織ですから、東条は官僚のトップということになります。東条内閣は国民の支持のうえに成立したものではなく、国家総力戦の内閣にふさわしくないと考えたわけです。

そして武藤は、岡田啓介元首相を訪ねると、新体制樹立への協力を要請します。それが東条の知るところとなり、怒った東条が解任、武藤は、近衛師団長として南方戦線に赴任します。

さらに一二月、田中新一作戦部長も解任されます。作戦方針をめぐって東条首相兼陸相と衝突し、激論の末、南方軍総司令部付に左遷されたのです。

田中は、ガダルカナル島周辺での対米決戦を強く主張します。いわく——同島を失えば、長期持久戦は不可能であり、ここで決戦に挑むべきだ。そのためには、艦船を集中させる必要がある。もし、この戦いに敗北すれば停戦し、講和交渉を始めるほかない――。

しかし、東条はこれを受け入れず、戦争継続のため南方物資の確保を重視しました。田中の罷免後、東条はガダルカナル島撤退を決定しています。以降、アメリカ軍の反攻が本格化しました。同島をめぐる攻防戦は太平洋戦争の最大の転換点になりました。

ガダルカナル島撤退を決定する前の一九四二年（昭和一七年）一〇月二六日、南太平洋海戦がおこなわれましたが、アメリカの正規空母一隻（ホーネット）が沈没、一隻（エンタープライズ）が中破しました。この時点で、アメリカの可動正規空母・軽空母ともにゼロになったのです。対して、日本は正規空母一隻（瑞鶴）、軽空母三隻が可動状態で残っていました。翌年にはアメリカは急激な軍備増強により正規空母一〇隻が就航しますが、この時点では、海上航空戦力において、まだ日本は優位に立っていたのです。

しかも、日本の航空基地ラバウルからガダルカナル島までと、アメリカの航空基地エスピリッサント島から同島まではほぼ同距離で、航空戦力にも大きな違いはありませんでした。ガダルカナル島にはアメリカ軍のヘンダーソン基地がありましたが、ここには数十機程度が待機していただけで、これは日本側残存空母の航空機で対応できます。

実は、アメリカの可動空母がゼロになったことを軍令部はつかんでおり、参謀本部にも

ガダルカナル島の戦い／1942年11月に擱座した輸送船・山月丸《やまづきまる》(奥)と引き揚げられた特殊潜航艇

知らされています。田中作戦部長がガダルカナル島での決戦を強く主張したのは、このことが念頭にあったからでしょう。ただ、東条と田中の議論で取り上げられたかは、はっきりしません。

ガダルカナル島の戦いは、よく陸軍の無謀な作戦指導と多くの餓死者を出したことが取り上げられます。もちろん、その重要性は論を俟《ま》ちませんが、どのようにして撤退の判断がなされたのか、その前提として海軍が米航空戦力をどれだけ把握していたのか、それをどこまで陸軍に伝えていたのか、これらを詳細に検討すべきだと思います。

政戦略なき戦争

欧州情勢も、日本に厳しい現実を突きつけるものになっていました。独ソ戦では一九四二年（昭和一七年）九月、スターリングラード攻防戦が始まります。激戦の末、翌一九四三年（昭和一八年）二月二日にソ連軍が勝利。以降、ドイツ軍は後退を余儀なくされ、ドイツ勝利の可能性は事実上なくなります。

これにより、イギリス屈服の前提とされていたソ連壊滅は不可能になりました。すなわち、「戦争終末促進に関する腹案」で、日独伊の協力によってイギリスを崩壊に追いこみ、アメリカの継戦意志を喪失させる道筋が消えたことになります。日本は新たな戦争終結への道を探らなければならなくなりました。

一九四三年（昭和一八年）二月二七日の大本営政府連絡会議では、ドイツがイギリス本土上陸をしない限り、イギリス屈服は至難であり、その公算《こうさん》はきわめて少ないとの結論に至ります。東条英機首相は、従来の戦争指導方針は再検討の要ありと述べたものの、その後も有効な戦争終結方針は策定されませんでした。

なぜ、戦争終結のプランをつくることができなかったのでしょうか。

それは、人材の問題です。五・一五事件以降、日本の国家戦略は一貫して陸軍が主導権を握り、それをつくってきました。それには、幅広い視野にもとづく構想力が不可欠です。武藤・田中はそれを備えていましたが、武藤の後任の佐藤賢了《さとうけんりょう》軍務局長（統制派系）と、田中の後任の綾部橘樹《あやべきつじゅ》作戦部長（非統制派系・実務型）、その後任の真田穣一郎作戦部長（統制派）は官僚としては有能ですが、そのような視野も構想力ももちあわせていませんでした。

また、武藤・田中は、世界戦略的な視野をもって陸軍を導いた永田鉄山や石原莞爾から直接薫陶《くんとう》を受けていますが、彼らより世代が下となる佐藤・真田は統制派の流れをくんでいても、直接薫陶を受けたわけではありません。その違いもあったでしょう。つまり、新たな政戦略を構想できる人材が陸軍にいなかったのです。

佐藤賢了（1895〜1975年）

綾部橘樹（1894〜1980年）

東条もまた派閥的で権力的だが実務官僚的な軍人で、自ら戦略構想を打ち出すタイプではありません。そして、それではだめだとわかっていながらも、従来の戦略構想である長期持久戦の方針を踏襲するしかありませんでした。場当たり的な対処で、事態を取りつくろうことしかできなかったのです。

統制派支配の弊害

一九四三年（昭和一八年）七月二五日、イタリアではムッソリーニが失脚します。九月には、連合軍と休戦協定を結び、三国同盟から離脱して無条件降伏しました。

九月二五日、大本営政府連絡会議で第二回「今後採るべき戦争指導の大綱」が採択されます。具体的には、千島《ちしま》列島・小笠原《おがさわら》諸島・マリアナ・西部ニューギニア・ジャワ・スマトラ・ビルマを結ぶラインの内側を「絶対国防圏」とし、米英の進攻に反撃態勢を確立することを決定します。

これにより、絶対国防圏の外側にある島々では、国防圏の防衛を固める時間を稼ぐための戦闘がおこなわれることになりました。その過程で「玉砕《ぎょくさい》」という悲劇が起きたのは、撤収のための船舶が絶対的に足りなかったこと、加えて「生きて虜囚《りょしゅう》の辱《はずかしめ》を受けず」と説いた「戦陣訓《せんじんくん》」が日本兵に浸透していたからです。「戦陣訓」は一九四一年（昭和一六年）一月、日中戦争のさなかに東条英機陸相が全陸軍に示達したものです。

翌一九四四年（昭和一九年）七月九日には絶対国防圏の要衝だったサイパン島が陥落。これにより、日本本土が米長距離爆撃機の空爆圏内になり、主要都市への本格的な空襲が始まります。当初、陸軍はサイパン島防衛に強い自信をもっていましたが、激しい艦砲射撃と徹底的な空爆で水際《みずぎわ》防衛戦が崩壊。米軍部隊が大挙して上陸すると、日本の守備隊主力は約半月の激闘ののち、壊滅しました。

海軍も、六月一九～二〇日におこなわれたマリアナ沖海戦で空母三隻沈没、航空機約四〇〇機喪失など大敗を喫し、太平洋における制空権・制海権を失います。

ここに至って、日米の国力差は圧倒的な戦力差を生み出したのです。しかし、劣勢の原因を国力差だけに求めることはできません。特に陸軍では、戦争が進むにつれて、統制派系支配の弊害が露呈していきます。参謀本部の松谷誠《まつたにせい》戦争指導班長（非統制派系）はサイパン島放棄決定前日、次のように記しています。

サイパンに敵来航するや、真田［穣一郎］第一部長［作戦部長］や服部［卓四郎］第二課長［作戦課長］は、『この堅固《けんご》なる正面に猪突《ちょとつ》し来たれるは敵の過失にして、必ず［サイパンは］確保し得べし』と断言［した］……制海空権［の］薄弱ないしは無き場合、絶対優勢なる海空軍支援下に上陸し来たれる敵に対する孤島防衛思想は、陸上における持久戦闘と本質的差異を有《ゆう》しある点を全《まった》く忘却せる言なり。ここに吾人《ごじん》は所謂《いわゆる》作戦家［真田・服部など］が、日進月歩せる卓抜なる科学力を基礎とする戦略思想の飛躍に対し、旧態依然として牙城《がじょう》を固守、何人の忠言をも拒否し来たれる自慰的自負心の罪に帰せざるを得ず。（軍事史学会編『大本営陸軍部戦争指導班機密戦争日誌』）

真田・服部がアメリカ軍の最新の兵器や戦略について情報収集・分析を怠《おこた》り、正確な敵情把握を欠く作戦指導をおこなっていると、痛烈に批判しているのです。

陸軍が当初サイパン島防衛に強い自信をもっていたのは、日中戦争で持久戦を経験していたため、持久戦なら勝てると考えたからです。つまり、通常の陸上戦闘と孤島でおこなう戦闘の違いを理解していなかったのです。しかも、最新兵器を備えたアメリカ軍と中国軍では比較になりません。

こんなことになったのも、陸軍中央の組織がまともに機能していなかったからです。陸軍中央では長らく統制派が実権を握り、要職を占めていました。そのため、公平な評価にもとづく多様な人材登用がなされず、組織が硬直化していたのです。

参考までに、開戦前後の陸軍省要職を挙げてみます。東条陸相・武藤章軍務局長・冨永恭次人事局長・佐藤賢了軍務課長・真田穣一郎軍事課長は、統制派系です。武藤異動後は冨永陸軍次官・佐藤賢了軍務局長・真田軍務課長・西浦進軍事課長となり、その後も真田軍務局長・永井《ながい》八津次《やつじ》軍務課長・荒尾興功軍事課長と、おおむね統制派系で占められています。

参謀本部では、田中新一作戦部長・有末精三情報部長・服部卓四郎作戦課長・辻政信戦力班長、田中異動後は真田作戦部長・服部作戦課長と、ほぼ統制派系です（東条・武藤・冨永・真田・永井・服部・西浦・荒尾・辻は永田生前からの統制派メンバー。田中・有末・佐藤はその影響を受けた狭義の統制派系）。

冨永恭次（1892〜1960年）

真田穣一郎（1897〜1957年）

偏《かたよ》った人事によって組織が硬直化し、それが情報収集・作戦指導に弊害をもたらしていたわけです。

一撃講和論

陸軍が戦争終結への戦略を打ち出すのは、サイパン陥落が確実になった一九四四年（昭和一九年）七月のこと。佐藤賢了軍務局長は今後の戦争指導方針として、防御ラインを日本本土・満州・中国・沖縄・台湾・フィリピンを結ぶ範囲に縮小し、最南端のフィリピンで決戦を挑み、日本に有利な条件で講和することを掲げます。いわゆる「一撃講和論（決戦後講和論）」です。

この通りに防衛ラインを縮小すれば、南方資源地帯と本土を結ぶ物資輸送路は切断され、長期持久戦態勢を維持できなくなりますから、決戦に持ち込むしかありません。しかし開戦時において、武藤章軍務局長や田中新一作戦部長は、短期決戦を挑んでも、アメリカを屈服させることは不可能と判断していました。いったん勝利を得ても、国力に勝《まさ》るアメリカは、自国に有利な状況となるまで戦争を継続するに違いないからです。

しかも、圧倒的な戦力差のもと、周到な準備をして進攻してくるアメリカ軍に、決戦で勝利する可能性はきわめて低いものでした。仮に多くの幸運が重なって局地的に勝利を得たとしても、その効果は一時的なもので、講和条件に影響するようなものにはなりえません。武藤・田中であれば、サイパン島陥落の時点で降伏を選択した可能性は高かったのではないか。

前年の一九四三年（昭和一八年）一月段階で、ルーズベルトはチャーチルとのカサブランカ会談で枢軸国に無条件降伏を求めることを決定しています。日本に有利な講和条件をアメリカが受け入れる可能性がないのは明白です。

にもかかわらず、「一撃講和論」は陸軍中央の統制派系幕僚に共有され、彼らは、これに固執しました。東条英機首相兼陸相も同様です。結局、この方針のもと、日本軍は決戦に挑んでは失敗し、膨大な犠牲を生むことになりました。太平洋戦争の日本兵士戦死者二三〇万人・民間犠牲者八〇万人のほとんどは、サイパン島陥落以後にもたらされたものです。

東条内閣総辞職

サイパン島陥落前の一九四四年（昭和一九年）春、首相経験者である若槻礼次郎・岡田啓介・近衛文麿・平沼騏一郎らは、戦争完遂に固執する東条英機内閣に見切りをつけ、戦争終結を志向するようになります。木戸幸一内大臣もこの頃から東条に批判的になり、七月はじめ、重臣たちは東条内閣倒閣に動き始めます。

東条降ろしの背景には、戦局の悪化だけでなく、東条内閣による情報・言論統制の強化、報道機関への検閲厳格化、特高警察・憲兵による言論・集会への厳しい監視や弾圧への反発もありました。

同年二月には、東条首相兼陸相が参謀総長を、嶋田繁太郎海相が軍令部総長を兼任するようになります。東条は軍政（陸軍省）だけでなく、統帥（参謀本部）すなわち作戦にも関与できるようにしただけでなく、海軍をもコントロールしようとしました。当時、陸軍では、陸軍省と参謀本部の関係はそれほど問題がありませんでしたが、海軍では海軍省と軍令部の意見が対立しており、陸軍にとっても軍令部は手を焼く存在でした。そこで東条は、陸軍と融和的な嶋田海相に軍令部総長を兼任させたのです。

そんな東条への不満が広範におよんでいた七月八日、近衛と木戸の会談がおこなわれます。木戸は、東条に詰め腹を切らせると陸軍が反撃する恐れがあり、中途半端に手をつけたら大弾圧を受けるかもしれないと陸軍の強権化を警戒しています。この時、木戸の脳裏には二・二六事件の残像が去来していたのかもしれません。

東条が木戸に内閣改造を打診したのはそれからまもなくのこと、木戸は東条に三条件を提示しますが、それらは重臣からの要請を踏まえたものでした。すなわち、①統帥の確立

（東条陸相の参謀総長兼任、嶋田海相の軍令部総長兼任を廃止）、②嶋田の更迭（航空機配分比率問題など陸軍追随に対する海軍内での不満から）、③重臣の入閣（米内光政の海相就任）です。ポイントになったのは、③米内の海相就任です。東条は米内に無任所大臣就任を要請しますが、米内は重臣らとの申し合わせにより入閣を拒否。これにより七月一八日、東条内閣は総辞職します。

以降、木戸は陸軍から距離をおきます。いっぽう、陸軍内ではなおも統制派系幕僚が主導権を握り続けます。日本の敗北は確実な情勢となるなか、即時休戦ののち講和（降伏）の選択肢もありましたが、陸軍中央は継戦方針を変えませんでした。

嶋田繁太郎（1883〜1976年）

本土決戦へ

一九四四年（昭和一九年）七月二二日、小磯国昭内閣が成立します。小磯はもともと宇垣一成派であり、統制派を抑えて戦争終結へ向かうことを重臣らに期待されていました。

しかし、小磯は陸相兼任を希望するも三長官会議に拒否されるなど、陸軍中央＝統制派をコントロールできません。また、大本営政府連絡会議を最高戦争指導会議と改称し、構成員を首相・陸相・海相・外相・参謀総長・軍令部総長の六人としましたが、幹事として内閣書記官長・陸海軍務局長が加わり、その幹事補佐に陸海軍幕僚がつくことになりました。陸海軍務局長が実務権限をもつようになり、小磯が同会議の主導権を握ることはできませんでした。陸軍では、依然として統制派が実権を握っていたのです。

八月一九日、昭和天皇臨席による最高戦争指導会議で第三回「今後採るべき戦争指導の大綱」が決定します。現有戦力と追加戦力を結集して敵を撃破し、敵の継戦意図を破砕《はさい》するとして、あくまで戦争完遂を期すことを確認しています。決戦地は日本本土・沖縄・台湾・フィリピン方面を想定しています。

一〇月二〇日に始まったレイテ沖海戦では、連合艦隊のほぼ全勢力を投入しますが、ほとんどの艦艇を喪失する大敗北を喫します。地上戦では、フィリピンの主要部分がアメリカ軍に占領され、日本軍はルソン島で抵抗を継続するのみになります。

このあと陸海軍中央は、決戦後講和から本土決戦へと方針転換します。そして、本土防衛態勢整備の時間を稼ぐため、沖縄や周辺地域での持久戦を指示するとともに、その他の占領島嶼地域でも持久戦を命じます。一一月中旬、東条内閣末期に決定していた大本営の松代《まつしろ》（現・長野県長野市）への移転準備に着手します。これは本土決戦を想定した措置で、昭和天皇もここに移るべく準備が進められました。

一九四五年（昭和二〇年）二月、陸海軍内で第四回「今後採るべき戦争指導の大綱」案がまとまり、本土決戦方針が定まります。

よく本土決戦は戦争末期のスローガンだったといわれますが、それは違います。陸軍は一九四四年（昭和一九年）九月時点で、軍事課（課長は統制派の西浦進）において、文書「最悪事態に処する国防一般の研究」を作成しています（江藤淳監修『終戦工作の記録』）。そこには、もし日本が和平に屈せば、最終的には本土占領・武装解除・皇室廃止・民族滅亡に至ると考えられるため、「大和民族最後の一人まで抗戦する」と主張し、本土決戦・一億玉砕に言及しています（民族滅亡は、アフリカ・ニューギニアなどへの「奴隷的」強制移住による）。

小磯国昭（1880〜1950年）

実際に本土決戦に向けた態勢づくりも進められていました。一九四五年（昭和二〇年）六月二三日に公布・施行された義勇兵役法がそうです。これは一五歳以上六〇歳以下の男子、および一七歳以上四〇歳以下の女子に兵役義務を課すというもので、これにより約二八〇〇万人の強制召集を想定しています。召集された者は、国民義勇戦闘隊に編入されました。三月に創設された国民義勇隊は志願でしたが、国民義勇戦闘隊は召集だったところが注目されます。

実際には本土決戦がおこなわれることなく終戦を迎えたため、国民義勇戦闘隊のほとんどは実戦に至っていません。しかし、樺太では終戦翌日、同地に上陸してきたソ連軍に対して日本軍が応戦、国民義勇戦闘隊にも多くの死傷者が出ています。また、沖縄戦では陸軍省令により防衛召集された一四歳以上の少年が「鉄血勤王隊《てっけつきんのうたい》」「護郷隊《ごきょうたい》」として戦い、約半数が戦死しています。この防衛召集は形式的には志願でしたが、実質的には義務的だったのが実態です。

こうした事例をみても、本土決戦が単なるスローガンではなかったことがわかります。

河辺虎四郎のクーデター案

一九四五年（昭和二〇年）四月一日、アメリカ軍が沖縄本島に上陸します。現地日本軍の組織的抵抗が終わったのが六月二三日ですが、沖縄県民の犠牲者は軍人・軍属を含めて約一二万人で、これは県人口の四分の一を超えるものでした。このことから、本土決戦となった場合、犠牲者は二〇〇〇万人前後と想定されています。

四月五日、米軍の沖縄上陸を許したことなどから小磯国昭内閣は総辞職。同日、ソ連より日ソ中立条約の不延長通告を受けます。ソ連参戦が現実味を帯びてきたのです。二日後に成立した鈴木貫太郎内閣に対し、陸軍省軍務課は阿南惟幾の陸相就任・戦争完遂・本土決戦施策の三条件を鈴木に要求し、鈴木はこれを承認します。この時の軍務課長・永井八津次は統制派であり、まだ統制派系が影響力をもっていたことがわかります。

五月七日、ドイツは連合国に無条件降伏します。五月一一・一四日、最高戦争指導会議構成員会合（陸海軍幕僚の介入を防ぐため、陸海軍務局長ら幹事を除く六人のみ出席）が開かれました。東郷茂徳外相がソ連を仲介とする和平交渉を提案しますが、同意を得られず、しばらく見合わせることになります。とはいえ、陸軍は本土決戦にあたって、ソ連参戦を防ぐべく、ソ連の中立維持を目的とした対ソ交渉を望んでいました。

阿南惟幾（1887〜1945年）

東郷は、内心では和平にソ連を利用する余地はないと判断していましたが、陸軍の要望を容れて対ソ交渉に臨み、それをきっかけに和平交渉に着手しようと考えます。しかしソ連は、同年二月のヤルタ会談で対日参戦を米英に約束していました。ソ連の仲介による和平実現の可能性はなかったわけです。

六月八日、最高戦争指導会議で第四回「今後採るべき戦争指導の大綱」が決定され、「あくまで戦争を完遂する」との本土決戦方針が決まります。木戸幸一内大臣は同日、「時局収拾の対策試案（以下、「対策試案」）」を起草しています。このなかで、本土決戦は多くの犠牲をともなうため、昭和天皇の「聖断」によって戦争を終結させる手立てを述べています。聖断による戦争終結案は木戸以外からも出されていますが、現在残る正式案で最初のものです。

その趣旨は――わが国の戦争遂行能力は事実上ほとんど喪失しており、戦局の収拾は至上の要請であり、果断なる手を打つ必要がある。正道としては軍部より和平を提唱し、政府が作案を決定して交渉を開始するのがよいが、現状では、この方策はほぼ不可能である。皇室の安泰、国体の保持という至上の目的すら達しえざる悲境にあり、万民のため、「天皇陛下の御勇断」をお願い申し上げ、戦局の収拾に邁進する――というものでした。

「天皇陛下の御勇断」とは、具体的にはソ連を仲介とする和平を天皇の親書によって実現することを指しています。そして、占領地からの自主的撤兵、軍備の縮小などを提示した「名誉ある講和」にすることを明記しています。

この「対策試案」は昭和天皇をはじめ、首相・海相・外相が了承。阿南陸相も聖断は本土決戦で戦果を上げたあとがよい、と付け加えただけで反対せず、同意しています。

六月二二日、昭和天皇臨席のもとで開かれた最高戦争指導会議構成員会合で、昭和天皇は、戦争の終結につき従来の観念にとらわれず実現に努力することを要望する、と述べています。米内海相はソ連を仲介とする和平交渉をただちに開始すべきと述べ、東郷外相もこれに同意。七月に入ると、スターリンへの親書と特使派遣がソ連側に伝達されました。

七月二六日、ポツダム宣言が発表され、日本に対して、軍国主義の除去・保障占領の実施・領土の縮小・武装解除・戦犯の処罰・軍隊の無条件降伏などを要求します。

これに対して、日本は即時拒絶すべきとの主張が多数を占め、鈴木首相と東郷外相は、しばらく意思表示をしない方針を取ります。特使派遣を申し入れたソ連からの回答に期待しますが、陸軍参謀本部ロシア課では、ソ連参戦の可能性が高いと判断していました。また佐藤尚武《さとうなおたけ》駐ソ大使は、日本が特使派遣を申し入れたことはソ連から米英首脳に伝えられており、ポツダム宣言はその回答とみなすべきとして、これ以上の交渉は無意味だと意見具申しています。

八月六日、広島に原子爆弾が投下され、三日後、ソ連が日ソ中立条約を破棄して参戦します。この事態に鈴木首相は最高戦争指導会議構成員会合で、戦争継続はもはや不可能として、ポツダム宣言受諾の意向を表明します。東郷外相は、受諾にあたり国体護持のみを条件とすべしとし、米内海相もこれに同意します。

これに対して、阿南陸相ら陸軍は、自主的武装解除・自国での戦争犯罪人の処罰・本土占領の回避の三条件を追加すべきと主張。東郷は、そのような条件では交渉は決裂するとして反対しますが、陸軍側はまだ一戦は交えられると拒否します。午後から開かれた臨時閣議でも同様の議論がなされるなか、長崎に第二の原子爆弾投下の報が入りますが、結論は出ません。

そうしたなか、ソ連参戦を知った河辺虎四郎参謀次長が、戒厳令を発して軍部が政権を握り、戦争を継続すべしとの事実上のクーデター案を、梅津美治郎参謀総長と阿南陸相に意見具申します。梅津・阿南は、これに明確な回答をしません。同日午後、木戸内大臣は昭和天皇に拝謁。戦争終結について勅裁を求め、了解を得るのです。

聖断下る

一九四五年（昭和二〇年）八月一〇日午前〇時、御前会議形式による最高戦争指導会議が開かれました。出席者は、鈴木貫太郎首相・東郷茂徳外相・阿南惟幾陸相・梅津美治郎参謀総長・米内光政海相・豊田《とよだ》副武《そえむ》軍令部総長・平沼騏一郎枢密院議長の七人です。受諾にあたり、東郷・米内・平沼は国体護持の一条件を、阿南・梅津・豊田は、国体護持プラス三の全四条件を主張しました。鈴木は意見を表明せず、聖断を仰ぎます。

昭和天皇は、国体護持の一条件で受諾する聖断を下します。このあと臨時閣議をへて、連合国側に電文が打たれます。それは「天皇の国家統治の大権を変更するの要求を包含しおらざる了解」のもとと受諾する旨と、連合国側の意向を求めるものでした。

河辺虎四郎（1890〜1960年）

これに対して連合国側は、天皇の国家統治の権限は連合国最高司令官の制限のもとにおかれ、最終的な統治形態は日本国民の自由な意思により決定される、と回答しています。これを受けて、阿南・平沼らは国体護持の再照会を求めるとし、東郷・米内らは再照会に反対しています。

いっぽう、陸海軍中央では受諾拒否の声が挙がります。

ポツダム宣言の受諾拒否とは、すなわち本土決戦を意味します。陸軍では、吉積正雄《よしづみまさお》軍務局長（非統制派系）が受諾拒否を阿南陸相に申し入れ、河辺虎四郎参謀次長（同）も梅津参謀総長に受諾拒否の上奏を意見具申しています。海軍では、大西瀧治郎《おおにしたきじろう》軍令部次長が豊田軍令部総長に受諾拒否の上奏を求めています。これを受けて、陸海軍統帥部トップである両総長は並立拝謁し、連合国側の回答は拒否すべきとの意見を奏上しますが、昭和天皇の気持ちに変わりはないことを確認するだけに終わります。

これで河辺・大西は軟化し、陸海軍統帥部の幕僚たちは落ち着きます。しかし、陸軍省軍務局軍事課・軍務課の一部幕僚（竹下正彦《たけしたまさひこ》・稲葉正夫《いなばまさお》・原四郎《はらしろう》・椎崎二郎《しいざきじろう》・井田正孝《いだまさたか》・畑中《はたなか》健二《けんじ》ら）はクーデターを計画します。それは近衛師団などにより要所に兵力を配置し、要人を保護検束しようというもので、若松只一《わかまつただかず》陸軍次官に意見具申され、阿南陸相にも申し入れられます。

八月一三日午前、最高戦争指導会議構成員会合が開かれますが、鈴木・東郷・米内は連合国の回答を受諾、阿南・梅津・豊田は受諾反対に分かれ、決着がつきません。午後の閣議でも議論は平行線をたどるだけで、七時には散会しています。

その後、陸軍の荒尾興功軍事課長と竹下正彦軍務課内務班長らは阿南陸相に面会、「兵力使用計画」を翌一四日に実行することを意見具申します。これを受けて一四日朝、阿南陸相と会談した梅津参謀総長は兵力使用に反対し、阿南も実行しない意思を示します。すると、竹下らクーデター派は「兵力使用第二案」を作成。そこには――兵力を使用して要地に配置し、たとえ聖断下るも同態勢を堅持して「聖慮の御翻意」を待つ。その実行には陸相・参謀総長など陸軍首脳の意見一致が条件――と記されていました。

一四日午前一一時、御前会議が開かれ、まず鈴木首相がこれまでの経緯を説明のうえ、再度の聖断を要望します。続いて、阿南・梅津・豊田らが思うところを発言したのち、昭和天皇は連合国側の回答を受け入れ、戦争を終結すべきとの聖断を下しました。

午後には閣議が開かれ、連合国側回答の受諾および終戦の詔書が決され、全閣僚がこれに署名に至ります。

陸軍中央は阿南陸相が起案し、上層部全員が署名した「陸軍の方針」のもと、聖断に従い行動することを決定します。これにより、竹下らは計画実行を断念しました。ところが、陸軍省軍務局の少数の軍事課員が暴走します。近衛第一師団長を殺害して師団命令書を偽造し、翌朝の玉音放送を阻止すべく将兵が宮中に乱入しますが、ほどなく鎮圧されています。

翌八月一五日正午、終戦の玉音放送が流され、三年八カ月にわたった太平洋戦争は終結しました。武装解除をへて同年一二月一日、陸軍省は第一復員省に改称されます。昭和陸軍の消滅です。

なぜ日米戦争は起きたか

ここで、おさらいも兼ねて、日本がアメリカと対戦することになった経緯と要因をまとめておきます。

陸軍の中枢を占めていた統制派は国家総力戦論を擁していましたから、一〇倍以上の国力をもつアメリカとの戦争を回避しようとしていました。そのため、三国同盟を結ぶ際も、当初はアメリカを刺激しないように独伊との対英軍事同盟を念頭においていました。それが対米軍事同盟になったのは、アメリカの対独参戦を警戒するドイツの要請を受け入れたからです。なぜドイツの要請を受け入れたのでしょうか。

それには、三つの理由があります。一つ目は、南方資源の獲得です。ドイツと同盟を結ぶことで、南方領土をもつ英仏蘭に圧力をかけようとしたのです。二つ目は、ドイツ仲介による対ソ関係の安定化です。南方進出を実施する際の北方の安全を確保しようとしたのです。三つ目は、日独伊プラスソ連の四カ国提携によるアメリカへの圧力強化です。これにより、アメリカの対日経済制裁の緩和とドイツのイギリス本土侵攻を期待したのです。

このように日本は、実際はアメリカと戦争をするつもりはないのですが、独伊と組んで開戦する可能性もありえますよという姿勢で牽制した。一種の瀬戸際外交です。

ドイツも日本と同盟を結ぶことでアメリカを牽制し、対独参戦を阻止するねらいがありました。ただ、もう一つ重要なねらいがありました。それは、実際に独米戦になった場合、日本に対米参戦させることです。より具体的にいえば、ドイツがアメリカと戦争になったら、日本海軍によってアメリカ艦隊を太平洋に引きつけておくことです。

したがって、もともと三国同盟は日本とドイツに大きなズレがあったのです。

これに対し、日本を警戒していたアメリカは、日ソ中立条約が締結されると、中国問題などに譲歩した「日米諒解案」を提示します。日本が北方の安全を確保すると、南方進出を本格化させる可能性が高くなります。アメリカにとって、大西洋で対独戦、太平洋で対日戦が同時に起きる事態は最悪であり、それを避けるために融和策に出たわけです。

ところが、独ソ戦が始まります。ドイツのイギリス本土攻撃が遠のき、アメリカが危惧した両面戦争の可能性が低下します。対独参戦の緊急性が緩和され、同時に中国問題で日本に譲歩する必要もなくなりました。すると、アメリカは対日強硬姿勢に転換、二度目の「日米諒解案」では、中国からの撤兵や三国同盟の実質的空文化を要求するのです。

その後、日本はソ満国境付近に大量の兵を動員した関特演（関東軍特種演習）をおこないますが、これがアメリカを強く刺激します。独ソ戦でソ連が窮地に立たされていたさなか、日本が北方に武力行使をすればソ連は崩壊しかねない。そうなればドイツの矛先はイギリスに向けられる。イギリスが倒れたら自国の安全保障に重大な支障をきたすと危機感をつのらせたアメリカは、日本の北進を阻止するために対日戦を決意し、対日全面禁輸に乗り出すのです。

日本としては、全面禁輸をされたら石油を求めて南進するしかない。すなわち、対英米戦争です。ですから、太平洋戦争を引き起こした直接の原因は関特演だったといえます。しかし、決定的要因は三国同盟による対米瀬戸際外交です。ソ連が日独に挟撃されたら、ソ連はもちこたえられず、イギリスに危機がせまる。アメリカが恐れたのは、日本の南方進出より北方進出であり、その危機感を強めたのが、三国同盟だったわけです。

軍人が冷静さを失った時

戦争末期、重要防御拠点の千葉県の九十九里浜《くじゅうくりはま》を視察した吉橋戒三《よしはしかいぞう》侍従武官は、昭和天皇に「鉄砲も銃剣も不足。竹槍で」と報告しています。客観的にみて、日本はこの時まともに戦闘できる状況にはありませんでした。にもかかわらず、陸軍は本土決戦を主張しました。この時、陸軍を主導した人物は、どのような人物だったのでしょうか。

たとえば、終戦時の参謀次長を務めた河辺虎四郎は非統制派系であり、陸軍中央では理性的で冷静、合理的思考の持ち主とされていました。また、駐ソ連大使館付武官や駐ドイツ大使館付武官などの国際経験も有しています。

実際、日中戦争の拡大に反対し、ドイツ仲介による日中和平交渉のトラウトマン工作時には、参謀本部の和平論の中心的存在でした。そのため、陸大優等卒業生でありながら中央を追われています。その後、航空総監部次長をへて、一九四五年（昭和二〇年）四月に参謀次長に就任したのです。

この河辺が戦争末期になると、クーデター計画を首脳部にもちかけ、本土決戦を唱えるのです。終戦三日前、八月一二日の河辺の日記には、敗戦後の日本を憂《うれ》える次の記述がみられます。「『民族の純潔』がけがされる」「キリスト教徒の跋扈《ばっこ》」「アメリカ語が蔓延《まんえん》」。

ファナティックで異常性すら感じさせる記述で、とても理知的な人物のものとは思えません。

河辺だけではありません。「大和民族最後の一人まで抗戦する」とした文書「最悪事態に処する国防一般の研究」を作成した西浦進軍事課長もきわめて冷静、かつ実務能力にすぐれた軍事官僚でした。このように、理性的で冷静な軍人が、別人になったかのような思考をみせる。それが戦争末期の陸軍中央でした。

いっぽう、外交官である佐藤尚武駐ソ大使は、東郷外相にあてた終戦意見（一九四五年七月二〇日付）において「敵の絶対優勢なる爆撃砲火のもと、すでに抗戦力を失至る将兵および国民が全部戦死を遂げたりとも、ために社稷〔国〕は救わるべくもあらず。七千万の民草《たみくさ》枯れて、上《かみ》ご一人ご安泰なるを得べきや」と述べています。つまり、本土決戦を戦って国民が全員死んだら、国も天皇も安泰ではいられないだろうという、きわめてまっとうな意見です。

このような常識的な考えが受け入れられない異常状態に、陸軍はなっていたのです。問題はなぜ、このようになったかです。このメカニズムを解くには、当時の指導者たちの内面を分析する実証的研究では限界があります。なぜなら、個人的資質や日本人固有のメンタリティーに起因する現象とは思えないからです。より大きな視野、あるいは政治学的見地から検討していく必要があるでしょう。

私は――軍が政治の実権を握った場合、敗戦が近づくと、何らかの力学が働き、軍の指導者たちは変質・変容する。彼らは理性を失い、ファナティックになっていく。そして冷静さと客観的視点を失った施策は有効性をもたず、国民を悲劇に陥れる――と考えています。

もし軍が政治の実権を握っていなければ、日本はもっと早く講和を結んで終戦を迎えていたでしょう。一億玉砕などの倒錯したスローガンは力をもたなかったかもしれません。ただし、ナチス・ドイツのように独裁政党が軍を掌握した場合は別ですが。

日本の宿命

一九四一年（昭和一六年）六月時点で、日本がアメリカとの戦争を避ける、もしくはアメリカに勝利するには、一つのシナリオしかありませんでした。

それは、ドイツがイギリスを崩壊させるとともに、日本は南方資源を手に入れ、日独伊ソ四カ国連携によってアメリカを封じ込め、その戦意を喪失させることです。しかし、このシナリオは、想定外の独ソ戦勃発によって崩れます。ならば、次にどのような有効な手を打つべきか。その次なる手をもてなかったのが、日本です。

当時の国際情勢は刻々と変化しており、綿密に練り上げられた戦略を変更せざるをえなかったのは、日本だけではありません。他国も同様です。そして、アメリカやソ連も日本と同じように、誤った政策決定や判断ミスをしています。しかし、それによって一時的に危機的状況に陥っても、立て直しています。その立て直しができず、一度判断を誤ると致命傷になったのが、日本でした。

アメリカやソ連にできることが、日本にはできない。これは、日本の軍人が能力的に劣っていたからではありません。当時の幕僚は知的エリートであり、大局的に物事をとらえられる人材もいました。つまり、優秀な人材が戦争指導をすれば勝てた――という問題ではありません。では、なぜ日本は一度の判断ミスで致命傷を負うほど、選択肢をもてなかったのか。

これは日本の所与的条件、地政学的条件に起因しています。具体的には、人口に比べて国土が狭く資源も少ない、かつ大陸の周辺部に位置していることです。

大陸は各国の利害が錯綜《さくそう》するところですから、国際関係が緊張してくると、大陸周辺の国は、その状況に振り回されます。しかも、国土が狭くかつ資源に恵まれていないため、選択の幅はきわめて少なく、対応がむずかしい。つまり、日本という国は、選択肢が狭められる宿命にあるわけです。これは、現在でも変わりません。

永田鉄山も石原莞爾も武藤章も田中新一も、この宿命に苦慮し、すこしでも選択肢を増やそうとし、また最良の選択は何かを考えたわけです。

第一次世界大戦後、次なる世界大戦が予想され、それは総力戦になることは明らかでした。日本はできればそれを避けたいが、避けられない場合、それに対応しなければならない。総力戦には膨大な資源を必要としますが、日本には資源が少ないために、各国の利害が錯綜する大陸や南方に進出せざるをえない。もちろん、きちんと世界情勢を読み、最良の選択肢を探します。しかし不測の事態に遭遇した時、次の有効な手を打つことができなかった。手を打とうにも、選択肢が限られていて選べない。結局、引き返すこともできずに当初の戦略を突き進み、開戦。戦略破綻によって傷口は広がり、最終的に兵士二三〇万人、民間八〇万人の犠牲者を出したのです。

このように、限られた選択肢のなかで戦略を構築しても、一つの判断ミスや不測の事態でそれが崩れると、他の選択肢がないために修正がきかないのが、日本です。これでは、どんなにすぐれた指導者でも、解決の道を用意することはむずかしいでしょう。

逆に、国際社会が安定していれば、領土が狭く資源が少ない国でも、技術発展や経済活動によって、さまざまな選択肢が生まれます。つまり平和な世界は、日本の場合、国家が取る選択肢を豊かにするわけです。

日本は、穏やかな安定した国際社会を志向し、その実現に貢献することで、本来もっている良さや力を発揮できる。そういう国なのでしょう。逆にいえば、あまり緊張した国際社会のなかでは、日本の良さを発揮できないのではないか。長年、昭和陸軍とその戦略を研究してきたなかで、私がたどりついた結論です。

参考文献（単行本および主要なものに限る）

相澤淳『海軍の選択――再考 真珠湾への道』、中央公論新社、二〇〇二年。

麻田貞雄『両大戦間の日米関係――海軍と政策決定過程』、東京大学出版会、一九九三年。

ジョナサン・G・アトリー『アメリカの対日戦略』、五味俊樹訳、朝日出版社、一九八九年。

荒川憲一『戦時経済体制の構想と展開――日本陸海軍の経済史的分析』、岩波書店、二〇一一年。

有末精三『有末精三回顧録』、芙蓉書房、一九七四年。

有末精三『政治と軍事と人事――参謀本部第二部長の手記』、芙蓉書房、一九八二年。

家近亮子『蔣介石の外交戦略と日中戦争』、岩波書店、二〇一二年。

池田純久『日本の曲り角――軍閥の悲劇と最後の御前会議』、千城出版、一九六八年。

石原莞爾『最終戦争論』、中公文庫、二〇〇一年。

一ノ瀬俊也『東條英機――「独裁者」を演じた男』、文春新書、二〇二〇年。

伊藤隆『昭和十年代史断章』、東京大学出版会、一九八一年。

伊藤隆『近衛新体制――大政翼賛会への道』、中公新書、一九八三年。

伊藤隆・高橋亀吉・有竹修二・片倉衷・横溝光暉・鍋山貞親・有末精三『語りつぐ昭和史』1、朝日文庫、一九九〇年。

伊藤隆・佐々木隆・季武嘉也・照沼康孝編『真崎甚三郎日記』全六巻、山川出版社、一九八一〜八七年。

伊藤隆編『高木惣吉 日記と情報』全二巻、みすず書房、二〇〇〇年。

伊藤隆・広橋真光・片島紀男編『東條内閣総理大臣機密記録――東條英機大将言行録』、東京大学出版会、一九九〇年。

伊藤隆・広瀬順皓編『牧野伸顕日記』、中央公論社、一九九〇年。

伊藤之雄『昭和天皇と立憲君主制の崩壊――睦仁・嘉仁から裕仁へ』、名古屋大学出版会、二〇〇五年。

伊藤之雄『昭和天皇伝』、文藝春秋、二〇一一年。

井上敬介『立憲民政党と政党改良――戦前二大政党制の崩壊』、北海道大学出版会、二〇一三年。

今井武夫『支那事変の回想［新版］』、みすず書房、一九八〇年。

今岡豊『石原莞爾の悲劇［新装版］』、芙蓉書房、一九九九年。

今村均『今村均回顧録』、芙蓉書房出版、一九九三年。

井本熊雄『作戦日誌で綴る支那事変』、芙蓉書房、一九七八年。

入江昭『太平洋戦争の起源』、篠原初枝訳、東京大学出版会、一九九一年。

入江昭『米中関係のイメージ』、平凡社、二〇〇二年。

入江昭・有賀貞編『戦間期の日本外交』、東京大学出版会、一九八四年。

臼井勝美『満州事変――戦争と外交と』、中公新書、一九七四年。

臼井勝美『満洲国と国際連盟』、吉川弘文館、一九九五年。

臼井勝美『新版　日中戦争――和平か戦線拡大か』、中公新書、二〇〇〇年。

内田尚孝『華北事変の研究――塘沽停戦協定と華北危機下の日中関係一九三二～一九三五年』、汲古書院、二〇〇六年。

江藤淳監修『終戦工作の記録』全二巻、栗原健・波多野澄雄編、講談社文庫、一九八六年。

大木毅『独ソ戦――絶滅戦争の惨禍』、岩波新書、二〇一九年。

大蔵栄一『二・二六事件への挽歌――最後の青年将校』、読売新聞社、一九七一年。

緒方貞子『満州事変と政策の形成過程』、原書房、一九六六年。

小川平吉文書研究会編『小川平吉関係文書』、みすず書房、一九七三年。

奥健太郎『昭和戦前期立憲政友会の研究――党内派閥の分析を中心に』、慶應義塾大学出版会、二〇〇四年。

風見章『近衛内閣』、中公文庫、一九八二年。

片倉衷『戦陣随録――満洲事変から太平洋戦争へ』、経済往来社、一九七二年。

片倉衷『片倉参謀の証言　叛乱と鎮圧』、芙蓉書房、一九八一年。

加藤陽子『模索する一九三〇年代――日米関係と陸軍中堅層』、山川出版社、一九九三年。

加藤陽子『満州事変から日中戦争へ』、岩波新書、二〇〇七年。

加藤陽子『戦争まで――歴史を決めた交渉と日本の失敗』、朝日出版社、二〇一六年。

川田稔『昭和陸軍全史』全三巻、講談社現代新書、二〇一四～一五年。

川田稔『石原莞爾の世界戦略構想』、祥伝社新書、二〇一六年。

川田稔『木戸幸一――内大臣の太平洋戦争』、文春新書、二〇二〇年。

川田稔編『永田鉄山軍事戦略論集』、講談社、二〇一七年。

川田稔編『近衛文麿と日米開戦――内閣書記長官が残した『敗戦日本の内側』』、祥伝社新書、二〇一九年。

河辺虎四郎『河辺虎四郎回想録――市ヶ谷台から市ヶ谷台へ』、毎日出版社、一九七九年。

北博昭『二・二六事件全検証』、朝日新聞社、二〇〇三年。

北岡伸一『官僚制としての日本陸軍』、筑摩書房、二〇一二年。

橘川学『嵐と闘ふ哲将荒木』、荒木貞夫将軍伝記編纂刊行会、一九五五年。

木戸日記研究会編『木戸幸一日記』全二巻、東京大学出版会、一九六六年。

木戸日記研究会編『木戸幸一関係文書』、東京大学出版会、一九六六年。

木戸日記研究会・日本近代史料研究会編『西浦進氏談話速記録』全二巻、日本近代史料研究会、一九六八年。

木戸日記研究会・日本近代史料研究会編『稲田正純氏談話速記録』、日本近代史料研究会、一九六九年。

木戸日記研究会・日本近代史料研究会編『鈴木貞一氏談話速記録』全二巻、日本近代史料研究会、一九七四年。

木戸日記研究会・日本近代史料研究会編『岩畔豪雄氏談話速記録』、日本近代史料研究会、一九七七年。

木戸日記研究会・日本近代史料研究会編『片倉衷氏談話速記録』全二巻、日本近代史料研究会、一九八二〜八三年。

近代日本研究会編『昭和期の軍部』、山川出版社、一九七九年。

工藤章・田嶋信雄編『日独関係史 一八九〇‐一九四五』全三巻、東京大学出版会、二〇〇八年。

黒沢文貴『大戦間期の日本陸軍』、みすず書房、二〇〇〇年。

軍事史学会編『大本営陸軍部戦争指導班機密戦争日誌』全二巻、錦正社、一九九八年。

小池聖一『満州事変と対中国政策』、吉川弘文館、二〇〇三年。

小磯国昭『葛山鴻爪』、小磯国昭自叙伝刊行会、一九六三年。

近衛文麿『失はれし政治——近衛文麿公の手記』、朝日新聞社、一九四六年。

近衛文麿『平和への努力——近衛文麿手記』、日本電報通信社、一九四六年。

小林道彦『政党内閣の崩壊と満州事変——1918〜1932』、ミネルヴァ書房、二〇一〇年。

小山俊樹『五・一五事件——海軍青年将校たちの「昭和維新」』、中公新書、二〇二〇年。

酒井哲哉『大正デモクラシー体制の崩壊——内政と外交』、東京大学出版会、一九九二年。

佐々木雄太『三〇年代イギリス外交戦略——帝国防衛と宥和の論理』、名古屋大学出版会、一九八七年。

佐藤賢了『東條英機と太平洋戦争』、文藝春秋新社、一九六〇年。

佐藤賢了『大東亜戦争回顧録』、徳間書店、一九六六年。

佐藤賢了『軍務局長の賭け——佐藤賢了の証言』、芙蓉書房、一九八五年。

佐藤元英『御前会議と対外政略——「支那事変」処理から「大東亜戦争」終結まで』全三巻、原書房、二〇一一〜一二年。

沢田茂『参謀次長沢田茂回想録』、森松俊夫編、芙蓉書房、一九八二年。

参謀本部編『杉山メモ』全二巻、原書房、一九六七年。

参謀本部編『敗戦の記録——参謀本部所蔵［普及版］』、原書房、二〇〇五年。

塩崎弘明『日英米戦争の岐路——太平洋の宥和をめぐる政戦略』、山川出版社、一九八四年。

幣原喜重郎『外交五十年』、読売新聞社、一九五一年。

ロバート・シャーウッド『ルーズヴェルトとホプキンズ』全二巻、村上光彦訳、みすず書房、一九五七年。

史料調査会編纂『太平洋戦争と富岡定俊』、軍事研究社、一九七一年。

末松太平『私の昭和史』、みすず書房、一九六三年。

杉田一次『情報なき戦争指導——大本営情報参謀の回想』、原書房、一九八七年。

須崎愼一『二・二六事件——青年将校の意識と心理』、吉川弘文館、二〇〇三年。

鈴木多聞『「終戦」の政治史 1943－1945』、東京大学出版会、二〇一一年。

関口哲矢『昭和期の内閣と戦争指導体制』、吉川弘文館、二〇一六年。

高杉洋平『昭和陸軍と政治——「統帥権」というジレンマ』、吉川弘文館、二〇二〇年。

高橋正衛『昭和の軍閥』、中公新書、一九六九年。

高橋正衛『二・二六事件――「昭和維新」の思想と行動 増補改版』、中公新書、一九九四年。

高光佳絵『アメリカと戦間期の東アジア――アジア・太平洋国際秩序形成と「グローバリゼーション」』、青弓社、二〇〇八年。

高宮太平『順逆の昭和史――二・二六事件までの陸軍』、原書房、一九七一年。

高山信武『服部卓四郎と辻政信 新版』、芙蓉書房、一九八五年。

高山信武『参謀本部作戦課の大東亜戦争』、芙蓉書房出版、二〇〇一年。

竹山護夫『昭和陸軍の将校運動と政治抗争』、名著刊行会、二〇〇八年。

田嶋信雄『ナチズム極東戦略――日独防共協定を巡る諜報戦』、講談社、一九九七年。

田嶋信雄『ナチス・ドイツと中国国民政府 一九三三－一九三七』、東京大学出版会、二〇一三年。

田中新一『田中作戦部長の証言――大戦突入の真相』、松下芳男編、芙蓉書房、一九七八年。

種村佐孝『大本営機密日誌』、芙蓉書房、一九七九年。

茶谷誠一『昭和戦前期の宮中勢力と政治』、吉川弘文館、二〇〇九年。

茶谷誠一『牧野伸顕』、吉川弘文館、二〇一三年。

土橋勇逸『軍服生活四十年の想出』、勁草出版サービスセンター、一九八五年。

筒井清忠『昭和期日本の構造――その歴史社会学的考察』、有斐閣、一九八四年。

筒井清忠『二・二六事件と青年将校』、吉川弘文館、二〇一四年。

角田順編『石原莞爾資料　国防論策篇［増補版］』、原書房、一九九四年。

角田順校訂『宇垣一成日記』全三巻、みすず書房、一九六八〜七一年。

東郷茂徳『時代の一面——大戦外交の手記』、中公文庫、一九八九年。

戸部良一『ピース・フィーラー——支那事変和平工作の群像』、論創社、一九九一年。

戸部良一『日本陸軍と中国——「支那通」にみる夢と蹉跌』、講談社、一九九九年。

戸部良一『自壊の病理——日本陸軍の組織分析』、日本経済新聞出版、二〇一七年。

富田武『戦間期の日ソ関係 1917－1937』、岩波書店、二〇一〇年。

永井和『青年君主昭和天皇と元老西園寺』、京都大学学術出版会、二〇〇三年。

永井和『日中戦争から世界戦争へ』、思文閣出版、二〇〇七年。

永田鉄山刊行会編『秘録　永田鉄山』、芙蓉書房、一九七二年。

中村勝範編『満州事変の衝撃』、勁草書房、一九九六年。

中村菊男編『昭和陸軍秘史』、番町書房、一九六八年。

西浦進『昭和戦争史の証言』、原書房、一九八〇年。

日本国際政治学会太平洋戦争原因究明部編『太平洋戦争への道——開戦外交史』全八巻、朝日新聞社、一九六二〜六三年。

野村実『太平洋戦争と日本軍部』、山川出版社、一九八三年。

野村実『山本五十六再考』、中公文庫、一九九六年。

秦郁彦『日中戦争史』、河出書房新社、一九六一年。

秦郁彦『軍ファシズム運動史』、原書房、一九八〇年。

秦郁彦『盧溝橋事件の研究』、東京大学出版会、一九九六年。

秦郁彦『旧日本陸海軍の生態学――組織・戦闘・事件』、中央公論新社、二〇一四年。

波多野澄雄『幕僚たちの真珠湾』、朝日新聞社、一九九一年。

波多野澄雄『宰相鈴木貫太郎の決断――「聖断」と戦後日本』、岩波書店、二〇一五年。

波多野澄雄・黒澤文貴・波多野勝・櫻井良樹・小林和幸編『侍従武官長奈良武次 日記・回顧録』全四巻、柏書房、二〇〇〇年。

波多野澄雄・戸部良一編『日中戦争の軍事的展開』、慶應義塾大学出版会、二〇〇六年。

原田熊雄述『西園寺公と政局』全九巻、岩波書店、一九五〇～五六年。

東久邇稔彦『東久邇日記――日本激動期の秘録』、徳間書店、一九六八年。

ハーバート・ファイス『真珠湾への道』、大窪愿二訳、みすず書房、一九五六年。

福田茂夫『アメリカの対日参戦――対外政策決定過程の研究』、ミネルヴァ書房、一九六七年。

藤原彰『日中全面戦争』、小学館、一九八八年。

船木繁『支那派遣軍総司令官　岡村寧次大将』、河出書房新社、一九八四年。

古川隆久『昭和天皇──「理性の君主」の孤独』、中公新書、二〇一一年。

古川隆久『近衛文麿』、吉川弘文館、二〇一五年。

アントニー・ベスト『大英帝国の親日派──なぜ開戦は避けられなかったか』、武田知己訳、中央公論新社、二〇一五年。

防衛庁防衛研修所戦史室『大本営陸軍部』全一〇巻、朝雲新聞社、一九六七～七五年。

防衛庁防衛研修所戦史室『関東軍』全二巻、朝雲新聞社、一九六九～七四年。

防衛庁防衛研修所戦史室『大本営陸軍部大東亜戦争開戦経緯』全五巻、朝雲新聞社、一九七三～七四年。

防衛庁防衛研修所戦史室『大本営海軍部・聯合艦隊』全七巻、朝雲新聞社、一九七〇～七六年。

防衛庁防衛研修所戦史室『支那事変陸軍作戦』全三巻、朝雲新聞社、一九七五～七六年。

防衛庁防衛研修所戦史室『大本営海軍部大東亜戦争開戦経緯』全二巻、朝雲新聞社、一九七九年。

保阪正康『昭和陸軍の研究』、朝日新聞社、一九九九年。

保阪正康『昭和史　七つの裏側』、ＰＨＰ研究所、二〇一九年。

細谷千博『両大戦間の日本外交　1914－1945』、岩波書店、一九八八年。

細谷千博編『日英関係史　一九一七～一九四九』、東京大学出版会、一九八二年。

細谷千博・斎藤真・今井清一・蠟山道雄編『日米関係史　開戦に至る10年（1931－41年）』全四巻、東京大学出版会、一九七一〜七二年。

細谷千博・本間長世・入江昭・波多野澄雄編『太平洋戦争』、東京大学出版会、一九九三年。

堀場一雄『支那事変戦争指導史』全二冊、時事通信社、一九六二年。

本庄繁『本庄日記』、原書房、一九六七年。

三宅正樹『スターリン、ヒトラーと日ソ独伊連合構想』、朝日新聞社、二〇〇七年。

三宅正樹・秦郁彦・藤村道生・義井博編『昭和史の軍部と政治』全五巻、第一法規出版、一九八三年。

三宅正樹・庄司潤一郎・石津朋之・山本文史編著『検証 太平洋戦争とその戦略』全三巻、中央公論新社、二〇一三年。

三輪公忠・戸部良一編『日本の岐路と松岡外交 1940－41年』、南窓社、一九九三年。

三輪宗弘『太平洋戦争と石油――戦略物資の軍事と経済』、日本経済評論社、二〇〇四年。

武藤章『軍務局長 武藤章回想録』、上法快男編、芙蓉書房、一九八一年。

村井良太『政党内閣制の展開と崩壊 一九二七〜三六年』、有斐閣、二〇一四年。

森克己『満洲事変の裏面史』、国書刊行会、一九七六年。

森靖夫『日本陸軍と日中戦争への道――軍事統制システムをめぐる攻防』、ミネルヴァ書房、二〇一〇年。

森山優『日米開戦の政治過程』、吉川弘文館、一九九八年。

安井三吉『柳条湖事件から盧溝橋事件へ――一九三〇年代華北をめぐる日中の対抗』、研文出版、二〇〇三年。

矢次一夫『昭和動乱私史』全三巻、経済往来社、一九七一～七三年。

矢部貞治『近衛文麿』全二巻、近衛文麿伝記編纂刊行会編、弘文堂、一九五二年。

山本智之『日本陸軍戦争終結過程の研究』、芙蓉書房出版、二〇一〇年。

湯河元威ほか『内原青年講演集』第四・五巻、週刊産業社、一九四一年。

吉田裕『日本軍兵士――アジア・太平洋戦争の現実』、中公新書、二〇一七年。

連合軍総司令部民間情報教育局資料提供『太平洋戦争史――奉天事件より無条件降伏まで』、中屋健弌訳、高山書院、一九四六年。

鹿錫俊『蔣介石の「国際的解決」戦略：1937－1941――「蔣介石日記」から見る日中戦争の深層』、東方書店、二〇一六年。

若槻礼次郎『明治・大正・昭和政界秘史――古風庵回顧録』、講談社学術文庫、一九八三年。

切りとり線

★読者のみなさまにお願い

この本をお読みになって、どんな感想をお持ちでしょうか。祥伝社のホームページから書評をお送りいただけたら、ありがたく存じます。今後の企画の参考にさせていただきます。また、次ページの原稿用紙を切り取り、左記まで郵送していただいても結構です。

お寄せいただいた書評は、ご了解のうえ新聞・雑誌などを通じて紹介させていただくこともあります。採用の場合は、特製図書カードを差しあげます。

なお、ご記入いただいたお名前、ご住所、ご連絡先等は、書評紹介の事前了解、謝礼のお届け以外の目的で利用することはありません。また、それらの情報を6カ月を越えて保管することもありません。

〒101-8701（お手紙は郵便番号だけで届きます）
祥伝社　新書編集部
電話03（3265）2310
祥伝社ブックレビュー　www.shodensha.co.jp/bookreview

★本書の購買動機（媒体名、あるいは○をつけてください）

＿＿＿＿新聞の広告を見て	＿＿＿＿誌の広告を見て	＿＿＿＿の書評を見て	＿＿＿＿の Web を見て	書店で見かけて	知人のすすめで

★100字書評……昭和陸軍　七つの転換点

名前
住所
年齢
職業

川田 稔　かわだ・みのる

1947年、高知県生まれ。1978年、名古屋大学大学院法学研究科博士課程単位取得退学。法学博士。専門は政治外交史、政治思想史。名古屋大学大学院教授などを経て、名古屋大学名誉教授、日本福祉大学名誉教授。著書に『浜口雄幸』、『昭和陸軍の軌跡』(山本七平賞受賞)、『石原莞爾の世界戦略構想』、『木戸幸一』、編著に『近衛文麿と日米開戦』など。

昭和陸軍《しょうわりくぐん》 七《なな》つの転換点《てんかんてん》

川田《かわだ》 稔《みのる》

2021年8月10日　初版第1刷発行

発行者……………辻 浩明
発行所……………祥伝社《しょうでんしゃ》
〒101-8701　東京都千代田区神田神保町3-3
電話　03(3265)2081(販売部)
電話　03(3265)2310(編集部)
電話　03(3265)3622(業務部)
ホームページ　www.shodensha.co.jp
装丁者……………盛川和洋
印刷所……………萩原印刷
製本所……………ナショナル製本

Printed in Japan　ISBN978-4-396-11635-4　C0221